Labbylike – Das erste Lebensjahr

AF289110

Für meinen Mann Michael.
Ohne Dich wäre nicht machbar gewesen, was unser Leben in
den vergangenen Jahren so abwechslungsreich,
spannend und großartig gemacht hat.

Ich liebe Dich...

Daniela Koppenhöfer

Labbylike – Das erste Lebensjahr

... mehr als nur ein Welpenführer

Bibliografische Information der Deutschen Nationalbibliothek:
Die Deutsche Nationalbibliothek verzeichnet diese Publikation
in der Deutschen Nationalbibliografie; detaillierte bibliografische
Daten sind im Internet über http://dnb.dnb.de abrufbar.

Illustrationen: Daniela Henninger
Satz, Umschlaggestaltun, Herstellung und Verlag
BoD – Books on Demand, Norderstedt
ISBN: 978-3-8370-7831-2

Inhalt

Ein paar Worte vorweg ...

Seit fast 15 Jahren begleiten uns Labbis durch den Alltag.

Wir haben Welpen aufgezogen, erwachsene Hunde aus dem Tierschutz aufgenommen und in das gemeinsame Leben einbezogen. Neuartige Wege für die Tiere eröffnet und alte Pfade im unter Umständen bisher bedrückenden Hundeleben zu tilgen versucht.

Jeder dieser Vierbeiner barg Spannung, Anspruch und Herausforderungen, denen wir uns immer wieder stellen mussten. Die reizvollste Aufgabe aber, war die Aufzucht der Welpen bei uns daheim.

Nichts ist spannender, als so ein kleines Leben quasi in Händen zu halten und das Tier auf sein Hundeleben vorzubereiten. Und nirgends kann man gravierendere Fehler begehen, die Verhalten und Gesundheit eines Hundes nachhaltiger beeinträchtigen, oder vielleicht sogar zerstören.

In meiner Eigenschaft als Kynologin, Verhaltenstrainerin und als Mitglied in diversen Labrador-Hundegruppen und Foren sehe ich beinahe täglich Fehler und Missverständnisse in Umgang und Erziehung der Hundebabys. Nie böse gemeint und sicher nie wissentlich, aber eben oft mit schwerwiegenden Folgen.

Der allgemein gängige Ausspruch, dass doch *alle Hunde gleich sind*, dem kann man leider nicht stattgeben.

Der Labrador ist unter den Haushunden der *intelligente Ungehorsame*.

Ein intellektueller Freigeist mit dem Wunsch nach intensivem Familienanschluss. Heute viel weniger der Jagdgefährte, als vielmehr der treue Begleiter seiner Menschen in allen Lebenslagen. Ein Hund der Zuwendung dringend zu einem zufriedenen und erfüllten Leben braucht und der bereits lange nicht mehr mit der extremen Auslastung glücklich ist, die zahlreiche Besitzer ihm angedeihen lassen.

Allergien, Stress und in der Folge schwere Erkrankungen, resultieren aus dem falschen Bild, das man sich oft von einem Labrador macht.

7

Aber ... der Labbi ist eben auch nicht der viel gepriesene Familienhund, von dem jeder anzunehmen scheint, er sei bereits makellos erzogen geboren und von Anfang an, gleichsam *durch Geburt* fertig ausgebildet.
EBENDIESEN Weg müssen wir mit unserem Hund zusammen beschreiten und blinder Eifer schadet mehr, als dass er nutzt.

Mit Geduld, Ruhe und Wissen aufgezogen, ist ein Labrador d e r Familienhund schlechthin! Seine genetische Veranlagung gibt ihm dazu das beste Rüstzeug mit auf den Lebensweg.

In meinem Buch erzähle ich etwas über die ersten 12 Monate im Leben des Labbiwelpen. Darüber, was es in diesem allerersten Lebensjahr zu bedenken gilt und was man getrost außer Acht lassen darf.
Ich möchte ein wenig darauf vorbereiten, was den Neu-Besitzer mit seinem künftigen, ebenso außergewöhnlichen, wie zuweilen sonderbaren Hund zu erwarten hat.
Sie bekommen Informationen rund um Hunde insgesamt und eine kleine Auswahl an Grundkenntnissen aus dem kynologischen Bereich.

Wer jedoch erwartet, in diesem Buch die gängigen Erziehungs-Anleitungen für Kommandos zu erhalten, der befindet sich auf dem sprichwörtlichen Holzweg. Warum? Dafür gibt es verschiedene Gründe. Der Hauptgrund besteht aber darin, dass ich - rein persönlich - nicht viel davon halte, den Welpen und späteren Junghund im ersten Lebensjahr in den scheinbar *perfekten* Gehorsam zu bringen, oder - wie heute vielfach zu sehen- zu Kadavergehorsam zu drillen.
Kein Tier so zu erziehen, das es aus Ehrfurcht vor seinem Menschen auf dem Platz funktioniert, außerhalb dessen aber eine Pistensau ist.
Ich möchte auch keinen Hund, der aus Unterwürfigkeit vor mir zittert. Ich wünsche mir einen Partner, Freund und besten Buddy, also Kumpel. Einen Vierbeiner, den *ich* lesen kann und der *mich* und mein Verhalten zu deuten weiß. Wir verlassen uns aufeinander und vertrauen uns.

8

Selbstverständlich sind auch unsere eigenen Hunde prima erzogen, vorzeigbar und gehorchen hervorragend. Aber ... Sie überbringen *nicht* im Maul Blumen und Geschenke und sie müssen sich *nicht* auf ihren Platz legen, wenn es an der Haustür schellt.

Was Hänschen nicht lernt, lernt Hans nimmermehr ... - ein kluger Ausspruch und Grundgehorsam bildet tatsächlich die Basis des gemeinsamen Lebens. Es ist jedoch eine Falschaussage, wenn es heißt, die Hunde würden Erziehungsversäumnisse im ersten Lebensjahr niemals aufholen.

In meinem Haushalt lebten zu viele Tierschutzhunde, die nie in ihrem bisherigen Hundeleben Erziehung genossen haben und doch in unseren Händen zu wundervollen Weggefährten wurden. *Natürlich* lernten sie, und zwar alles, was notwendig schien.

ARTGERECHT?

Mich fasziniert immer die Aussage, dass ein Hund *artgerecht* nur durch Rohfütterung ernährt wird, im Gegenzug aber eben nicht *artgerecht* im Bett schläft. Was denn jetzt?

In Erziehung und Haltung eines Tieres gilt das Prinzip des *goldenen Mittelweges*. Unsere eigenen Hunde sind Bettschäfer, Küchenlieger und Sofa-Besetzer. Sie betteln erfolgreich bei Tisch und verursachen damit nur ein einziges Problem: als Mensch keinesfalls auf dem Sabber auszurutschen.

Wir sind entspannte Typen und haben dementsprechend auch extrem relaxte Hunde.

Nein! Fehlerlos waren wir in der Erziehung unserer Welpen sicherlich nicht immer! Aber wir haben im Laufe der Jahre gelernt, wo wir achtsam sein müssen und wo wir getrost Fünfe gerade sein lassen dürfen. Wir erzogen stets intuitiv.

Das Leben meiner Familie ist reich gefüllt mit den Geschichten der Hunde. Diese Erlebnisse ließen uns lernen und machten uns wissend gegenüber den Bedürfnissen und Ansprüchen der Tiere an uns, als die verantwortlichen Menschen.

So habe ich mich entschlossen, einen kleinen Ratgeber für Welpenbesitzer zu schreiben. Davon gibt es bereits viele, aber dennoch folge ich dem Wunsch meiner bisherigen Leser nach einem fachlich geprägten Buch ausgesprochen gern.

Es erwarten sie hier zahlreiche Tipps zu Erziehung, Verhalten, Pflege und Aufzucht. Fraglos wird das ein oder andere Thema auch auf den erwachsenen Hund bezogen werden können. Es lohnt sich also in jedem Fall, zu stöbern, auch wenn momentan kein vierbeiniger Nachwuchs im Haushalt lebt.

Ich möchte meinen Finger nicht klugscheißernd erheben. Mit den gewohnt unkomplizierten Worten will ich erklären, wie sie mit ihrem Welpen gemeinsam den besten und den gesundheitlich für das Tier zuträglichsten Weg in eine langjährige, innige und vertrauensvolle Partnerschaft finden.

Bebilderte Erziehungsanleitungen werden sie vergeblich in diesem Ratgeber suchen. Ebenso schlaue Hinweise auf die Auswahl eines Züchters und Verweise dazu, *welche* Rasse sie für sich gemäß ihren Lebensumständen aussuchen sollten.

Den Weg in und durch die Erziehung muss jeder Welpenbesitzer für sich und zum Wohle des Tieres individuell gestalten. Dieser Weg darf jedoch nie steinig und schmerzhaft sein.

Ich möchte ihnen auch nicht ans Herz legen, sich nur dann einen Hund anzuschaffen, wenn sie auf dem Land wohnen, ein eigenes Haus mit Garten haben und nicht arbeiten gehen. Zu ideal erscheinen mir solche Wünsche. Wir haben die Zeit gottlob hinter uns gelassen, wo nur gesellschaftlich privilegierte Menschen einen Hund halten können.

Einzig einen Leitfaden für ihr Leben mit dem Hund gebe ich ihnen an die Hand. Fragen werden beantwortet, die in anderen Welpenführern offenbleiben. Dinge, die man womöglich nicht bedenkt oder schlicht ... vergisst. Alltagstaugliche Antworten erwarten sie hier. Einfach umsetzbar und praktikabel. Abgestimmt auf kleine Labradörchen.

10

Ich wünsche ihnen viel Spaß beim Lesen und hoffe, ich kann mit diesem Buch ein paar Informationen geben, die hilfreich sind, das erste Jahr mit dem Welpen entspannt und informiert zu genießen.

Herzlichst Ihre

Daniela Koppenhöfer

Herbst 2016

Vor dem Einzug

Ich denke, wie alle künftigen Welpenbesitzer werden sie die Tragzeit der Mutterhündin mit Spannung verfolgt haben. Dem Tag der Geburt haben sie - wie auch der Züchter - mit größter Aufregung entgegengesehen.

Daheim begannen indes die ersten Vorbereitungen für den Einzug des Welpen.

Ehrlich? ICH war immer enorm aufgeregt. Für das Kleinchen wurde geshoppt, bis die Kreditkarte glühte.

Heute sehe ich diese Zeit entspannter, denn ich habe inzwischen gelernt, was ein Hundekind am Anfang de facto einzig wirklich braucht: UNS.

Vor dem Einzug sollte man darüber nachgedacht haben, wo der endgültige Platz des Hundes ist - später. Es ist also sinnvoll, einen gemütlichen Schlafplatz zu kaufen. Gern vorausschauend in passender Labrador-Größe. Anfangs kann man das Hundebett mittels einer kuscheligen Decke innen verkleinern.

Möchte man nicht rund um die Uhr auf die Mini-Zähnchen in der Anfangszeit aufpassen, lohnt sich die Anschaffung eines teuren Schlafplatzes noch nicht. Sie können durchaus für den Anfang auf das Modell »günstig« ausweichen. Varianten mit einem Liegerand werden von Labbis favorisiert. Sie ruhen gern mit dem höher abgelegten Kopf und damit bei freier Sicht.

Futter? Bitte sprechen sie mit dem Züchter, welches Welpenfutter bisher gefüttert wurde. Sie sollten keinesfalls ad hoc - also sofort und ohne Vorbereitung - wechseln. Mehr zum Thema Fütterung erwartet sie in einem separaten Kapitel.

Spielzeug? Es reicht, wenn sie einen robusten Gummiball in eine Socke stecken und fest verknoten. Ein preiswerter und spannender Zeit-

13

vertreib für den Zwerg. Ein Beißholz darf nicht fehlen. Im Fachhandel bekommt man so ein Stück in unterschiedlichen Größen und aus Weichholz, damit die Verletzungsgefahr durch Splitter gebannt ist.

Ein kleiner Kaustrick und ein oder zwei Kuscheltiere reichen für den Anfang völlig aus. Die Spieltiere sollten nicht quietschen! Der Welpe wird sie ohnehin mit ausdauernder Freude zerlegen, aber mit einem Quietschi noch viel lieber. Außerdem forciert das Quietschen unnötigen Stress beim Tier.

Ein Zuviel an Spielzeug überfordert den Zwerg und lässt ihn unaufmerksam werden. Ähnlich wie bei Menschenkindern, weiß der Welpe letztlich nicht mehr, womit er sich beschäftigen soll und so wird unter Umständen ihre Einrichtung herhalten.

Da das Hundekind geführt werden will, braucht es angemessenes Equipment. Ein kleines Geschirr, bequem, nicht drückend sitzend, von geringem Gewicht und in Größe XS beugt beim Ziehen Verletzungen der Halswirbelsäule und der Bandscheiben vor. Zusätzlich ein Nylon-Halsband und eine verstellbare und nicht zu schwere Leine. Für daheim empfehle ich eine sogenannte *Hausleine*. Das ist eine 1 m Führleine ohne Verstellung, wie man sie später auch auf dem Hundeplatz benötigen wird.

Bitte verzichten sie auf die vielgepriesene Flex-Leine! Sie verführt den Welpen nur dazu, stets eigene Wege zu gehen, und birgt erhebliche Verletzungsgefahren!

Sowohl der Hund, als auch sie als Halter, können sich übel an der sich schnell einziehenden Kunststoffschnur verbrennen. Das Tier kann sich verheddern und verletzen.

Ein solches Teil ist völlig sinnfrei und sollte niemals in einem Hundehaushalt zu finden sein.

Eine Büffelhornpfeife darf auch bereits im Vorfeld gekauft werden. Bei unseren Hunden beginnen wir immer frühzeitig im Alter von etwa 16 Wochen mit dem Pfeifen-Training zum Abruf.

Futter- und Wassernapf. Ein Thema für sich. Im Interesse der Gesundheit empfehle ich, Essgeschirr aus Porzellan, Keramik, oder Kunststoff anzuschaffen. Edelstahlnäpfe sind leider häufig von minderer Güte und führen nachweislich mehr und mehr zu Allergien.

14

Die Produzenten dieser Näpfe kommen oft aus dem asiatischen Raum und die Vergütung des Edelstahls ist extrem minderwertig. Manchmal zeigt es sich bereits darin, dass die Schalen rasch rosten, was niemals geschehen darf. Gerade in Discountern und 1-Euro-Läden werden sie oft angeboten - Finger bitte weg von solchen Artikeln.

Denken sie daran, dass sie auch für den Außenbereich einen Wassernapf benötigen. Und ... um mit einem kleinen Schmunzeln die in aller Regel an dieser Stelle auftauchende Frage zu beantworten: NEIN! Der Futternapf muss *nicht* höhenverstellbar sein. Bequemer ist es für den Hund jedoch allemal.

Inzwischen gibt es schicke Futter-Bars, die nicht nur sehr schön anzusehen sind, sondern auch problemlos zu reinigen und die vom Welpen als bequem empfunden werden. Vorteil Futterbar: Sie enthält zwei getrennte Futterschalen, die man für den winzigen Hund anfangs auf den Boden stellen kann.

Eine Spritzschutz-Matte unter Bar und/oder Napf ist angeraten. Die Kleinen schmatzen und die Großen spritzen. Wir nehmen zu diesem Zweck gern Klarsicht-Matten, wie man sie auch unter Büro-Rollstühle legt. Vorteil: Sie sind unauffällig und lassen sich prima zuschneiden!

Die aus meiner Erfahrung wichtigste Anschaffung ist jedoch ein Zimmer-Kennel.

Ich bin kein Freund von geschlossenen Boxen. Sie sind in aller Regel auf allen Seiten zu dicht und verschaffen dem Welpen ein unwohles Gefühl: Er möchte seine Menschen *sehen*.

Der Zimmer-Kennel sieht aus wie ein Käfig. Also eine Art Gitterbox. Das Tier hat freie Rundum-Sicht. Es gibt mehrere Klappen, die sich öffnen lassen, um zum Beispiel nur die Hand zum Tier zu führen. Man kann das Teil bereits in einer ausreichenden Größe kaufen und bequem »einrichten«.

Der Kennel ist in den ersten Monaten ein maßgeblicher Rückzugsort für den Welpen und ... anfangs auch der Schlafplatz in der unmittelbaren Nähe von uns Menschen. Doch dazu später mehr ...

Vorteil? Es wird im Hundeleben immer wieder notwendig sein, das Tier gesichert unterzubringen und ihm einen ruhigen und sicheren Hafen anzubieten. Der Kennel ist faltbar und kann prima verstaut werden, wenn man ihn einmal nicht, oder nicht mehr benötigt, wie zum Beispiel auf einer Reise.

Eine minimale Hausapotheke ist ratsam, denn Welpen verletzten sich in ihrer Neugier recht fix mal.

Folgende Dinge sind dabei empfehlenswert:

- Nux Vomica D6 Globuli gegen Übelkeit
- Desinfektionsspray für kleine Wunden (nicht brennend)
- desinfizierende Salbe, oder Gel
- Kohletabletten
- Apis C5 Globuli bei Insektenstichen
- elastisches Tape für Tiere, sog. *Pfotendruck-Hundeverband* (klebt nicht auf dem Fell)
- Manuka Honigsalbe bei kleinen offenen Verletzungen
- Zeckenkarte und/oder ein Zeckenhaken

Last but not least brauchen sie gewaltige Mengen Küchenpapier und Glasreiniger. Pipiflecken lassen sich mit dem Reiniger so säubern, dass der Hund nicht mehr anhand des Uringeruchs eine permanent genutzte Pipi-Station eröffnen kann. Alternativ geht auch Essigwasser.

Schlafdecken und Kissen mögen Welpen gern und ... sie schützen auch ihre heimischen Möbel. Die Anschaffung dieser Unterlagen kann sich für den Anfang auf die preisgünstigen Modelle beschränken. Eine hochwertige Decke wird später keinesfalls preiswert sein. Achten sie bitte aber immer auf die Waschbarkeit auch bei Schmusekissen.
    Wie sie sehen, ist die Erstausstattung nicht wenig umfangreich, gemessen am weiteren Hundeleben. Aber: Sie ist unumgänglich, um ihrem Hund ein angenehmes Leben zu schaffen und ihn effektiv versorgt zu wissen.
Planen sie zusätzlich zur Anschaffung des Welpen einen Etat von etwa 200-300 Euro ein, um diese Ausstattung zu ermöglichen.
Als Empfehlung möchte ich ihnen mitgeben, im Vorfeld über eine Krankenversicherung für das Tier nachzudenken.

16

Für etwa 30 Euro pro Monat können sie eine recht umfangreiche OP-Versicherung abschließen. Sie leistet für Operationen bis zu einer gewissen Höchstgrenze, sowie in aller Regel auch für die dabei anfallenden Medikamente, notwendige Untersuchungen, Röntgen, Nachbehandlungen und etwaig benötigte Reha-Maßnahmen sofern sie mitversichert sind.

Als Alternative gibt es auch sogenannte *Vollversicherungen*. Sie zahlen zusätzlich noch für sonstige Medikamente. Auch Zeckenschutz, Wurmkuren und alle anderen Behandlungen vom Tierarzt werden - je nach Tarif- gezahlt.

Unbestreitbar rechnet sich der Abschluss eines solchen Versicherungsschutzes. Zumal, wenn er früh abgeschlossen wird. Je jünger ein Hund bei Vertragsabschluss ist, desto günstiger ist der Beitrag. Mit dem zunehmenden Alter kommen (fast) immer mal Erkrankungen, die den Geldbeutel arg strapazieren können und auf diese Weise entgeht man finanziellen Problemen im Fall einer schwerwiegenden, oder einfach nur teuren gesundheitlichen Unpässlichkeit.

Die Sicherheit in Haus und Garten darf keinesfalls unbeachtet bleiben. Treppen sind jetzt mit Kindergittern gesichert, denn der Welpe darf sie noch nicht laufen.

Putzmittel stehen außer Reichweite des vorwitzigen Jungspundes. Nahrungsmittel? Sind heiß begehrt und gehören ab sofort und für eine Weile unter Verschluss.

Lampenkabel, an die der Winzling problemlos gelangen kann, werden mit Bitterspray (Heimtierbedarf) eingesprüht.

Fernbedienungen, Brillen und Handys verfügen über eine schier magische Anziehungskraft für junge Hunde. Solche Dinge sollten augenblicklich nie mehr achtlos auf dem Wohnzimmertisch liegen. Die Tüte mit den Kartoffelchips übrigens auch nicht ...

Im Garten befindet sich keinerlei Unkrautvernichter, Düngemittel oder Ähnliches mehr frei zugänglich. Giftige Pflanzen haben sie entfernt.

Wir haben jetzt alles beisammen, was wesentlich ist. Stopp - da fehlt noch was! Der Welpe und zu dem kommen wir in diesem Augenblick...

Die Abholung

Der bedeutende Tag ist gekommen. Unser frischgebackenes Familienmitglied zieht endlich ein.

Schlafplatz, Futter und Spielzeug sind vorbereitet und nur der Hauptdarsteller fehlt noch. Vermutlich haben sie sich Gedanken darüber gemacht, wie die Heimfahrt und das Ankommen daheim ablaufen werden?

Oft höre ich im Zusammenhang mit der Abholung den Satz »Der/die Kleine kommt bei der Rückfahrt in die Autobox. Schließlich soll er/sie sich gleich daran gewöhnen«.

DAS ist jedoch ein Kardinalsfehler!

Ihr Welpe wird die Mama und die Geschwister verlassen. In der Natur ist die Entfernung eines Welpen aus dem Rudel für das Tier nur mit einer einzigen, instinktiv verankerten Verknüpfung verbunden: Dem Tod! Für das Kleinchen ist der Auszug aus der Obhut von Mama und dem Züchter ein gravierender Einschnitt ist das noch frühe Leben.

Wie Menschenkinder auch, so reagiert der Welpe intuitiv mit Neugier, Spannung, Vorsicht und ... Furcht. Als Besitzer sollten wir das nicht vergessen!

Setzen wir der Zwerg sofort bei der ersten Autofahrt mit der Familie in eine Box, fördern wir Panik, Unsicherheit und schiere Angst. Der Winzling braucht einfach in den frühen Stunden mit den noch ungewohnten Menschen Zuwendung, Geborgenheit und das Gefühl, beschützt und behütet zu werden.

Ich habe in meiner Kundschaft häufig Hunde erlebt, die aufgrund dieser Erfahrung bis hinein ins Erwachsenenalter kein Auto freiwillig mehr betraten. *Zu* tief sitzt die Furcht aus der Verknüpfung von der allerersten Tour in der Transportbox.

In so einem Fall erfordert das Training viel Geduld und Einfühlungsvermögen. Das einmal erschütterte Vertrauen muss erst wieder aufgebaut werden. Diese Situation gilt es zu vermeiden.

19

Also: Der passende Platz für den Welpen auf der Fahrt in sein künftiges Zuhause ist ein menschlicher Arm (bitte nur auf dem Rücksitz) oder auch der Fußraum des Beifahrersitzes. Dort liegt eine kuschelige Decke. Alles ist gemütlich vorbereitet. Geborgen zwischen den Beinen des frischgebackenen Frauchens, oder Herrchens reist das Kleinchen dem zukünftigen Leben entgegen…

Holen *wir* ein Hundekind zu uns, bitte ich stets im Vorfeld darum, eine Kuscheldecke einige Tage vor Abholung im Bereich der Mutterhündin zu deponieren. Der Stoff wird den Geruch der Mama annehmen und dient dem kleinen Hund in der ersten Zeit als geruchsmäßige Beruhigung und Zuflucht. Ein natürliches Pheromon.

Vermutlich wird ihr Züchter den Wurf bereits ein wenig an Autofahrten gewöhnt haben - zumindest im Idealfall.

Halten sie für das Tier frisches Wasser und das kleine Geschirr mit der kurzen Hausleine bereit. Je nach Dauer der Heimfahrt müssen sie im Fall der Fälle eine Pipi-Pause einlegen. Der Hund sollte dabei sicher geführt werden können.

Daheim haben sie im Vorfeld dafür Sorge getragen, dass in den kommenden Tagen nach dem Einzug kein Heer von Besuchern bei ihnen aufläuft.

Gerade die allererste Zeit ist nur der Gemeinsamkeit, dem Kennenlernen, der Bindung und Eingewöhnung vorbehalten. Der Welpe hat Vorrang und wir Hundemenschen nehmen entsprechende Rücksicht.

Menschen, die sich vor Entzücken quietschend auf ihren Hund werfen, müssen sich gedulden und… *geworfen* wird schon überhaupt nicht! Wir Hundehalter sollten an dieser Stelle bereits vor dem Einzug ein wenig über das Thema *Körpersprache* gelernt haben.

Daheim ist der Einkauf für die kommenden Tage erledigt. Sie und ihr Partner haben idealerweise gemeinsam Urlaub und können sich um den Hund kümmern und sich kennenlernen. Die Schwiegermutter ist ausgeladen und der Skatabend findet ausnahmsweise wo-

20

anders statt. Sie haben für sich genug Zeit eingeplant, das frische Familienmitglied angemessen willkommen zu heißen und in der ersten Zeit zu unterstützen.

Bitte planen sie den Abholtermin so ein, dass sie absehen können, mit dem Welpen wieder am Nachmittag daheim zu sein. Zuhause soll der Zwerg genügend Zeit haben, sich alle Örtlichkeiten in Ruhe anschauen zu dürfen und den Stress der Autofahrt zumindest ein wenig abzulegen, ehe die Nachtruhe beginnt.

Es möge mir verziehen sein, wenn ich auch an dieser Stelle den Vergleich mit einem Kleinkind nutze. Erklären sie einem menschlichen Kind mal plausibel, dass nach einer langen Autotour (z.B. in den Urlaub), sofort nach Ankunft unmittelbar Schlafenszeit ist. Ein Hundekind reagiert da nicht anders, nämlich ... verständnislos.

Endlich sind sie beim Züchter und der bedeutende Moment ist gekommen: Ihr winziges Familienmitglied wird ihnen übergeben.

Natürlich! Ein Züchter hat Welpen aus Passion. Er liebt Hunde, aber ... er hat in der Regel viel Geld in den Wurf investiert und ein bescheidener Verdienst muss auch erzielt werden.

Dennoch ist der Züchter in erster Linie ein *Mensch* und als solcher hat er Gefühle. Acht bis zehn Wochen hat er eine mehr oder minder große Schar von Rackern beaufsichtigt und aufgezogen. Er durfte die Geburt beobachten und half der Mutterhündin bei der Versorgung der Rasselbande. Er erlebte den Augenblick, in dem die Winzlinge erstmalig Mal die Augen öffneten. Die allerersten Schritte wird er mit Argusaugen überwacht haben.

Der Züchter hat sich unzählige Nächte sprichwörtlich um die Ohren geschlagen. Vermutlich waren kleinere Probleme zu bewältigen. Acht bis zehn Wochen wurde die Bande täglich gewogen und viele Male gefüttert, nachdem Mamas Milchbar geschlossen war. Der Tierarzt war beim Wurf, oder die Zwerge wurden möglicherweise mit dem Auto zum Arzt gebracht?

Einen Sack Flöhe hüten? Diese Redensart hatte in den vergangenen Monaten vor dem Auszug in der Zuchtstätte reale Bedeutung.

Jetzt kommt auch für den Züchter ein äußerst emotionaler Augenblick. Er gibt seine *Kinder* in die Hände von fremden (wenn auch sorgfältig geprüften) Menschen.

Nicht selten trennen sich die Wege von Hunden und der Zuchtstätte in genau ebendiesem Moment für immer.

An dieser Stelle darf auch die Mutterhündin niemals vergessen werden. Sie wird ihre Kinder einige Tage suchen, ehe sie langsam wieder das altbekannte Leben aufnimmt und eigene Wege geht.

Oft kann man tatsächlich bei ihr eine unweigerliche Erleichterung beobachten. Für die Mutter der Winzlinge waren die vergangenen Wochen anstrengend, hart und in einer gewissen Weise auch entbehrungsreich.

Der Züchter wird ihnen den Welpen in Abwesenheit des Muttertieres übergeben. Ein unnötiges Suchen des Tieres wird damit ein wenig eingegrenzt.

Kontrollieren sie vor der Heimfahrt, ob sie alle Papiere für den Hund haben wie den Impfpass, falls vorhanden die Ahnentafel und Weiteres. Jetzt kann ihr gemeinsames Leben starten...

Fütterung und Ernährung

Kaum etwas wird so ausführlich diskutiert, wie die passende Ernährung eines Welpen.

Schauen wir uns einmal Grundsätzliches an und beleuchten wir die unterschiedlichen Möglichkeiten.

Unser Winzling wird vorerst alle vier Stunden eine kleine Mahlzeit erhalten. Blase, Magen und Verdauungssystem sind noch nicht perfekt ausgebildet und darauf nehmen wir Rücksicht.

Wir persönlich halten den Fütterungsrhythmus in der Regel so ein: 8.00 Uhr - 12.00 Uhr - 16.00 Uhr und um 20.00 Uhr die Abendmahlzeit. Sollte der Weg durch die Nacht zu lang sein, kann man einen ersten kleinen Kausnack geben.

Etwa ab dem 6. Lebensmontag füttern wir 3 Mahlzeiten täglich und erst mit dem vollendeten Lebensjahr wechseln wir zur ausschließlichen Früh- und Abendfütterung.

Vor und nach dem Essen gelten absolute Ruhezeiten von etwa einer Stunde. Spielen wird sicherlich stattfinden (bei einem entsprechenden Ansprechpartner), denn bei uns lebt ja ein wuseliger Jungspund. Menge und Umfang des Spiels kontrollieren wir jedoch. Toben und Spaziergänge sind nach den Mahlzeiten aber tabu!

Labradore gehören zu den schnell wachsenden Rassen. Mehr dazu finden sie im Kapitel über die Bewegung.

Vereinfacht gesagt, wächst der Hund viel rascher äußerlich, als seine Knochen und Organe innerlich folgen können.

Um Krankheiten wie HD/ED (Hüftgelenk, bzw. Ellenbogendysplasie) vorzubeugen, eine OCD (Osteochondrosis dissecans), oder eine Knochenhautentzündung zu vermeiden, wird entsprechend sorgsam gefüttert.

Man sorgt dafür, dass der Hund durch eine Überversorgung im Wachstum nicht zusätzlich *befeuert* wird.

23

Die Futtermittelindustrie bietet eine Vielzahl geeigneter Trocken-futter für Welpen speziell schnell wachsender Rassen an. Inzwischen gibt es überdies bereits erste Nassfutter für die Zwerge und es darf durchaus ein trockenes Futter mit dem Dosenfutter gemischt wer-den. Da es sich bei beiden Komponenten um erhitzte Futtermittel handelt und nicht um Rohware, ist die unterschiedliche Verweil-dauer im Körper unproblematisch.

Der Welpe darf gern Obst und Gemüse, sowie Hüttenkäse und Quark zu seinem normalen Futter erhalten.

Kaniden kennen von Natur aus keine Kuhmilch. Dennoch können sie früh an diese Produkte gewöhnt werden. Der Anteil im gesamten Fressen sollte jedoch anfangs 5% nicht übersteigen.

Im Normalfall verfüttern bereits die Züchter ausgesprochen früh Hüttenkäse und kleine Quarkmengen.

Reine Milch ist für den Zwerg ungeeignet. Vielen Hunden fehlt das Enzym Laktase, mittels dessen der Organismus die Laktose in der Milch verstoffwechselt. Eine Gewöhnung an Milchprodukte ist durch-aus machbar, die Verwertung von Rohmilch bleibt jedoch untauglich.

Pro gefütterten Mahlzeit sollte der Welpe eine Messerspitze reine Ascorbinsäure (Vitamin C) zum Fressen erhalten. Der Zusatz stärkt den Knochenaufbau, bindet freie Radikale, ist ideal zur Stärkung des Immunsystems, zur Straffung des Bindegewebes und es hilft dem Körper bei der Aufnahme von Eisen. Das Ascorbinsäure-Pulver ist in der Apotheke erhältlich.

Es ist im Übrigen äußerst sinnvoll, dem Welpen beizubringen, von einem Kunststoff-Eierlöffel zu fressen. Ja, es hört sich etwas paradox an!

Im Krankheitsfall kann man über den Löffel sowohl Medika-mente verabreichen, als auch füttern. Nachweislich fressen Futter-verweigerer eher vom Löffel, als aus der Hand, oder dem Napf. Welpen betrachten diese Maßnahme als ein *Spiel* und lassen es sich leicht beibringen.

Wir nutzen das Welpenalter auch dafür, mit dem Hund das Trin-ken aus einer Flasche zu trainieren. Wollen wir später wandern ge-

24

hen, mag ich es überhaupt nicht, wenn das Tier aus Pfützen trinkt. Den Wassernapf möchte ich nicht mitschleppen und sogenannte *faltbare Näpfe* riechen scheußlich nach Kunststoff und unsere eigenen Vierbeiner haben diese Dinger immer abgelehnt. Haben die Hunde gelernt, aus einer Flasche zu trinken, ist das Problem unterwegs recht einfach gelöst.

Welpenernährung mit B.A.R.F. (Biologisch artgerechte Roh-Fütterung)?
Vermutlich kaum eine Thematik ist unter Hundehaltern mehr umstritten. Ist diese Form der Ernährung längst bei erwachsenen Tieren hoch wissenschaftlich zu betrachten, erhitzt das Thema bei Welpen die Gemüter noch viel mehr und das nicht zu Unrecht.

Ich habe unsere erste Labrador-Hündin bereits zu einer Zeit roh gefüttert, als der Ausdruck B.A.R.F. noch überhaupt nicht existierte. Jahrelang habe ich mich mit der Materie beschäftigt und mich permanent über Neuerungen und Erkenntnisse informiert.
Sieben Jahre später habe ich unsere inzwischen drei Hunde wieder auf ein reguläres Trockenfutter umgestellt. Die Tiere befanden sich in einem fitten und kerngesunden Zustand, die Blutwerte waren hervorragend. Warum also?
In den Medien wurde mehr und mehr öffentlich, welche hohen Dosen Antibiotikum Rinder erhalten - durchgängig- und oft bedingt durch die Massentierhaltung. Wachstumshormone sind fast zum Normalfall in den Ställen geworden.
Die Wissenschaft entwickelte sich weiter und es wurde publik, dass die Fütterung von Kopfprodukten den Hundekörper mit Schilddrüsenhormonen belastet, welche vorrangig im Kopffleisch des Rindes und im Schlund in hohem Maß vorhanden sind.
Was mir als Mensch bereits rein gedanklich gehörig den Appetit verdarb, sollten die Tiere schon überhaupt nicht im Rohzustand erhalten.
Ein weiteres Thema ist Botulismus, der über die Fütterung von Innereien an den Hund weitergegeben werden kann.
Allesamt Risiken, die ich umgehen will.

25

Einen Welpen *so* zu barfen, dass er gesund, sachgemäß versorgt mit allen notwendigen Nahrungsbestandteilen und nicht unterversorgt ist, scheint mir für den Laien beinahe unmöglich. Ernährungsfehler im Frühalter haben jedoch Folgen und die sind unter Umständen einschneidend. Ich rate also grundsätzlich zu einer Versorgung mit einem speziellen Junior-Trockenfutter. Ist das Tier mit etwa anderthalb Jahren ausgewachsen, mit positivem Ergebnis auf HD/ED und gegebenenfalls auf OCD geröntgt und der Halter ist kompetent informiert, kann die Ernährung umgestellt werden.

Etwa ab dem 6. Lebensmonat kann man den Welpen langsam auf ein Adult-Futter umstellen, um die Energiezufuhr etwas zu drosseln. Füttert man ihn in den ersten Monaten noch proteinreich, verringert man die Proteinzufuhr in dem Moment, wo das Tier im Wachstum ein wenig ausgebremst werden sollte.

Protein ist notwendig für den Körperaufbau und die Erhaltung. Es sorgt für gesunde und starke Knochen, Sehnen und Muskeln, sowie deren Aufbau. Im Stoffwechsel übernimmt es wesentliche Aufgaben im Bereich Transport und Steuerung. Proteine sind Eiweiße. Ein ausgewachsener Hund von etwa 30 Kilogramm Gewicht benötigt bei normaler Aktivität etwa 2 Gramm Eiweiß pro Kilo Körpergewicht. Bei einem kleinen Tier von 5 Kilo Masse liegt die Bedarfsmenge bei 3 Gramm je Kilo Gewicht.

Bereits dieses Verhältnis von Eiweißzufuhr in der Barf-Ernährung für den Welpen exakt zu treffen, ist nicht einfach.

Ein Zuviel an tierischem Eiweiß schädigt die Nieren des Hundes und speziell bei einem Winzling führt das zu massiven Problemen. Füttert man hingegen eine ungenügende Menge an Proteinen, entwickeln sich Skelett und Muskulatur unzulänglich. Der Körper wird nur unzureichend entgiftet und die Körpersubstanz nicht synthetisiert. Folgen sind Untergewicht, stumpfes Fell, ein nur eingeschränkt funktionierendes Immunsystem und ein träger, immer müder Welpe.

Snacks im ersten Lebensjahr? Natürlich! Das Angebot für kleine Kau- und Belohnungsleckerchen ist gewaltig.

26

Da der Jungspund nach dem Prinzip Liebe, Lob und Leckerchen erzogen wird, ist es ratsam, auf Goodies in der Light-Variante auszuweichen. Es gibt Mini-Häppchen vom Wild, Geflügel und Exotenfleisch.

Käsewürfelchen und Fleischwurst behalten als Super-Sonder-Leckerchen einen Platz bei speziellen Anlässen und für besondere Leistungen. Auf dem Hundeplatz sind sie erlaubt, im normalen Alltag aufgrund der vielen Kalorien und des hohen Fettanteils sollten sie darauf verzichten.

Zur Zeit der Zahnphasen benötigt der Welpe harte Kaugegenstände, um den Schmerz zu beruhigen und den Durchbruch des neuen Gebisses zu forcieren. Neben dem Beißholz bieten sich diverse Kauartikel im Fachhandel an. Geweihstangen setzen sich als eine Variante immer mehr durch, werden aber von zahlreichen Tierärzten ungern gesehen. Beim Welpen muss man jedoch auf die Größe und den Durchmesser achten. Die Stangen werden durch Speichel rutschig und sollten - wie alle Kausnacks- nur dann gegeben werden, wenn sie kontrollieren können, dass das Tier sich keinesfalls verschluckt, oder sich ein Kauartikel im Gebiss verkantet.

Ein Wort zu den Allergien ...

Nahezu hysterisch wird inzwischen jeder Hund sofort dem Tierarzt vorgestellt, der sich einfach nur normal kratzt.

Rein prophylaktisch wird dann bereits im Welpenalter getreidefrei gefüttert und auch Goodies werden nach den eisernen Kriterien der vermeintlich hypoallergenen Grundsubstanz ausgewählt.

Allergien mutieren zu einer Art Modeerscheinung, von der in erster Linie der Veterinär partizipiert. Der Hundebesitzer kommt mit der - vom Besitzer bereits vorbereiteten Diagnose- in die Praxis und schon kann die teure Behandlung beginnen.

Bitte beobachten sie kritisch! Ein Hund kratzt sich bei einer Allergie. Aber er kratzt sich auch im Normalfall bis zu 50 Mal am Tag und ... er kratzt sich bei Stress!

Es ist also nicht alles Gold, was glänzt, aber auch nicht alles Dreck, was schwarz ist. Einen Welpen kann man im Handumdrehen zum

Allergiker *erziehen*, wenn man seinem Körper nie die Gelegenheit anbietet, auf unterschiedliche Stoffe auch angemessen zu reagieren.

Es lohnt sich, im ersten Lebensjahr ein Ernährungstagebuch zu führen. Darin kann man Auffälligkeiten vermerken und Reaktionen des Tieres, die man als *unnormal* einstuft.

Je entspannter sie mit dem Thema Ernährung umgehen, desto leichter finden sie für ihren Hund genau die Dinge, die er gern mag und mühelos verträgt.

An dieser Stelle noch ein letztes Wort zum Trockenfutter ...

Die Industrie preist uns Hundehaltern gern ein sogenanntes *kalt gepresstes* Produkt als besonders schonend hergestellt an. DAS ist jedoch ein teurer Trugschluss! Das Futter wird extrem energiesparend bei niedrigen Temperaturen fabriziert. Der vergleichsweise hohe Preis erscheint daher völlig ungerechtfertigt.

Will man zudem Futtermilben aus dem Weg gehen, die bereits in der Produktion in das Endprodukt gelangen können, ist man mit einem herkömmlichen Futter besser bedient. Es wird bei deutlich höheren Gradzahlen hergestellt.

Wie auch immer man das Thema Ernährung betrachtet: Es wird stets unterschiedliche Meinungen wiedergeben, die durchaus kontrovers sind.

I C H kann Ihnen an dieser Stelle nur ein paar Anregungen mit auf den Weg geben. Die letzte Entscheidung liegt zu allen Zeiten nur in ihrer eigenen Hand.

28

Einzel- oder Mehrhundehaltung?

Es ist ein gewaltiger Unterschied, ob man einen Einzelhund hat, oder der zweite (oder noch mehrmaligere) Hund in ihr Leben kommt.

Voran ein kurzer Hinweis auf den so gern genommenen Terminus *RUDEL*. Schauen wir auf die fachliche Erklärung, lesen wir:
Rudel - eine größere Gruppe gemeinsam lebender, wilder Tiere.

Fast täglich höre ich Hundehalter, die voller Stolz auf das besagte *Rudel* aus Mensch und Tier verweisen. Ich weiß ja nicht, wie sie das sehen? ICH möchte nur ungern (außer vielleicht von meinem Mann) als *wildes Tier* bezeichnet werden.

Streng wissenschaftlich betrachtet, handelt es sich bei einem Rudel um einen Verband von miteinander blutsverwandten Säugetieren.

Sprechen wir also von unseren Hunden und uns Menschen im Konsens, sollten wir uns auf die Bezeichnung *Verband* einigen. Aber auch die Tiere untereinander bilden allenfalls einen Verband, es sei denn, sie sind verwandt.

Ist es einfacher, wenn ein Welpe als Zweithund zu ihnen kommt?

Aus meiner Sicht: JA! Aber nur dann, wenn die Grundvoraussetzungen stimmen. Ein positiv erzogener Zweijähriger wird für den Winzling eine wunderbare Orientierungshilfe bieten.

Das ältere Tier wird geduldiger mit dem Welpen umgehen als ein Jungspund, der die erste Pubertät noch nicht durchlebt hat. Stubenreinheit erlernt sich besser und rascher, wenn man ein Vorbild hat. Auch eine Weile allein daheim bleiben, erträgt sich gemeinsam leichter. Die grundsätzliche Kommunikation zwischen den Hunden lernt sich in einem eigenen Hundeverband fixer und effektiver.

Wie unter menschlichen Geschwistern, erachte ich Mehrhunde in einem Haushalt als äußerst sozial und im Allgemeinen als leichtführig, wenn man es sachgerecht beaufsichtigt.

Faktisch üben die Tiere untereinander angemessene Rücksicht

29

und die Ressourcenverteilung erfolgt nach dem Gesichtspunkt Geschicklichkeit und Können. Sehr ähnlich eines wild lebendem Rudel teilen die Hunde im eigenen Haushalt Aufgaben nach Stärken und Schwächen der jeweilig Beteiligten auf.

Machtkämpfe um Vorrangstellungen? Kann ich nicht bestätigen. Selbstverständlich gibt es im heimischen Verband eine ersichtliche Ordnung und wer aufmerksam beobachtet, der erkennt, dass die scheinbar grundsätzliche Position eines einzelnen Tieres beständig *still* wechselt.

Es ist auch klar sichtbar, dass in der Hundegruppe bei mehreren Hündinnen immer genau *diejenige* Vorrang genießt, die gerade heiß ist/wird, gegenüber einer zum Beispiel kastrierten Hündin. Dieses Verhalten kennzeichnet ein in der Natur vorgesehenes Vorrecht zur Erhaltung von Art und Gruppe. Das Wort *Dominanz* ist im Zusammenspiel zwischen zwei Hunden gestattet.

Bei Rüden ist das Verhältnis untereinander ebenfalls ausgesprochen strukturiert. Mit einem Schmunzeln kann man jedoch behaupten: Auch Rüden sind irgendwie *Männer*. Sie prügeln sich, um anschließend sprichwörtlich ein *gemeinsames Bierchen* zu trinken.

Sie möchten sich einen Zweithund holen? Bitte bedenken sie im Vorfeld, welchen Geschlechtes das weitere Tier sein soll.

In der Praxis erweist es sich als unpraktisch, neben einem unkastrierten Rüden eine ebensolche Hündin zu halten. Wird diese heiß (mit etwa 6-9 Monaten) leidet ihr Bube Höllenqualen. Die Hunde müssen zumindest für die Zeit der Stehzeit strikt getrennt werden, um Nachwuchs in den eigenen Reihen zu verhindern.

Den exakten Zeitraum für die empfängnisbereiten Tage der Hündin zu bestimmen, gehört zum Pflicht-Lernprogramm des Hundehalters.

Über den Psycho-Stress beim Rüden in ebendieser Zeit möchte ich mich insgesamt eher ausschweigen. Zu gern stoße ich bei diesem Punkt auf totales Unverständnis.

Laute Gesänge, Dauersabbern und schäumen, Futterverweigerung und geschwollene Hoden sind nur einige nennenswerte Probleme.

30

Der liebesdurstige Bengel wird nichts unversucht lassen, die Dame seines Herzens zu besteigen. Das Glück liegt ja so nah.

Der Hündin ergeht es keinesfalls viel besser. Im Vorfeld muss sie sich permanent von aufdringlichen Freiern intern sowie extern drangsalieren lassen und rund um die Uhr ihre Avancen erdulden. Möchte sie sich endlich paaren, darf sie es jedoch nicht. Da kommt fix einmal Frust auf.

Im unglücklichsten Fall reagiert der vierbeinige Herr des Hauses auch noch notorisch eifersüchtig auf jeden anderen männlichen Bewerber um die Gunst der Dame. Stress ist vorprogrammiert - auf allen Seiten.

Im Idealfall einer solchen Konstellation ist ein Teil eines Duos kastriert. Es wird keine Querelen geben. Ein *entbommelter* Rüde leidet zwar noch immer, aber die Symptomatik ist mit homöopathischen Mitteln halbwegs vernünftig in den Griff zu bekommen.

Eine kastrierte Hündin, die einen Voll-Rüden an die Seite bekommt? Keinerlei Probleme! Sie wird ihn stets eher entspannt abmahnen, wenn er zudringlich werden sollte und für den männlichen Part des Duos ist eine hormonell uninteressant riechende Gefährtin einzig ein neutraler ... Kumpel.

Kommt ein Welpe als Zweithund in den Haushalt, ändern sich für den Ersthund zahlreiche Gegebenheiten.

So ein Winzling weckt unter den Menschen eine Menge Begeisterungsstürme. Er braucht viel Zuwendung und Nähe. Er will geschleppt und gestreichelt werden, bekommt scheinbar ständig etwas zu fressen und darf immerzu raus.

Der Ersthund? Wird den Neuzugang misstrauisch beobachten. Eifersucht? Offiziell kennen Hunde diese Art der Gefühlsregungen nicht. Allerdings gab es Untersuchungen mittels eines Tomographen die deutlich bewiesen, dass unter Gefühlsanreizen die entsprechenden Hirnregionen der Probanden-Tiere ansprachen.

Unser bisheriger Vierbeiner wird also eine Regung gegenüber dem verwöhnten Neuzugang verspüren. Es gilt, negative Verknüpfungen zu meiden und ein Gefühl der Verbundenheit zu unterstützen.

Natürlich ist der Welpe niedlich und es liegt im menschlichen Naturell, das kleine Wesen zu verhätscheln und zu bemuttern. Nur: Der Ersthund darf darunter keinesfalls leiden. *Er* wird immer eine Extra-Dosis-Zuwendung erhalten und *er* wird unterstützt, wenn der Zwerg nervt. Versuchen sie, Zeiträume einzig mit ihrem ersten Hund zu verbringen. Einfach einmal eine Weile wieder in der altvertrauten Zweisamkeit zu genießen. Ihr Tier wird es dankbar zur Kenntnis nehmen.

Bei uns ist es beispielsweise so, dass ein Welpe nie mit den weiteren Hunden gemeinsam frisst. Wir füttern ihn erst dann, wenn alle Übrigen fertig sind. Das geschieht so lange, bis der Zwerg gelernt hat, dass er *nicht* aus fremden Näpfen räubert und *nicht* distanzlos fressen darf, was an irgendeiner Stelle einem anderen Hund angeboten wird.

Ist es an der Zeit, dass der Winzling lernen soll, in der Gemeinsamkeit gefüttert zu werden, wende ich einen einfachen Trick an.

Ich nehme den Welpen an die kurze Hausleine. Er soll sich jetzt neben dem Napf eines der anderen Hunde absetzen und warten, bis dieser in Ruhe gefressen hat. Dabei darf der Kleine nicht an den erwähnten (oder einen sonstigen) Napf treten.

Sobald der Jungspund gelernt hat, dass eine fremde Futterstelle für ihn tabu ist und er keine Annäherungsversuche dazu mehr unternimmt, darf er zusammen mit unseren weiteren Vierbeinern fressen.

Es ist eine gewaltfreie Methode, allen Hunden gleichermaßen eine friedliche und entspannte Mahlzeit zu ermöglichen.

Mir geht es dabei vorrangig um die Tatsache, dass der Ersthund nicht auch noch in Bezug auf die Fütterung das Gefühl bekommt, seinen angestammten Platz an den Neuling abtreten zu müssen.

Was wird ihr erster Hund über den Neuzugang denken?

Der kriegt 4x am Tag Futter - ich maximal 2x. Auf den Arm darf er jederzeit und gestreichelt wird der von allen, die das Haus betreten. Er bekommt Geschenke und Spielzeug, an das ich nicht ran darf. Nachts schläft er im Schlafzimmer, während ich im Wohnzimmer bleiben soll. Jeder findet ihn toll und niemand bemerkt

32

mehr, dass es mich auch noch gibt. Er darf in die Hütte pinkeln und drinnen Haufen verteilen und ich kriege dafür einen Einlauf. Hunde haben solches Empfinden durchaus und nicht selten *kümmert* ein Tier aus genau diesem Grund, oder ändert komplett sein Verhalten und wird möglicherweise problematisch.

Achten sie auf Vorzeichen und reagieren sie mit Verständnis und der Situation angemessen. Besser noch: Lassen sie es gar nicht erst dazu kommen, dass ihr Ersthund sich zurückgesetzt fühlt.

Ist der familiäre, vierbeinige Neuzugang ein *Einzelkind*, spielen die zuvor beschriebenen Dinge keine Rolle. Verbringen sie viel Zeit mit dem Tier und schenken sie ihm ihre volle Aufmerksamkeit.

Teambildung! So nenne ich diesen Prozess gern, wenn Mensch und Hund eine vollendete Einheit bilden und sich aufeinander verlassen können. Das kleine vierbeinige Wesen orientiert sich jetzt an ihnen und sie werden und bleiben immer der erste Ansprechpartner für ihren Hund. Nach neusten Forschungen ist der Hund deutlich mehr am Menschen ausgerichtet, als an Artgenossen.

Rüde, oder Hündin?

Eine Geschmacksfrage. Ich kann nicht sagen, dass ein Rüde schwieriger ist, als eine Hündin. Jedes Geschlecht hat seine eigenen Anforderungen. Ein pöbelnder Bengel, der daheim alles rammelt, was ihm zwischen die Beine kommt, der ist eine Katastrophe.

Aber - eine heiße Lady mutiert auch fix zur Zicke und nervt dann gewaltig. Und wenn die Damen aneinander geraten, dann kocht die Wurst, d a s kann ich ihnen jetzt bereits sagen.

Egal, welches Geschlecht ihr zukünftiger Welpe hat: Erziehung muss sein und es ist notwendig, den Eigenheiten jeweils Rechnung zu tragen.

Um ihre Bedenken im Vorfeld zu zerstreuen: NEIN! Der Einzelhund ist nicht *unglücklich,* weil er keine vierbeinigen Gefährten hat. Hunde sind Opportunisten und sie fühlen sich dort geborgen und glücklich, wo sie Fressen, Zuneigung und einen warmen Schlafplatz haben.

Domestikation und Evolution haben die Tiere zu Begleitern des Menschen werden lassen und *Menschen* sind auch die ersten An-

33

sprechpartner. Hündische Kumpels müssen im Leben sein, aber eben nicht zwingend ... dauerhaft.

Ich habe im Training zahlreiche Hunde kennengelernt, die in ihrer Rolle als Prinz oder Prinzessin glücklicher und zufriedener sind, als in einem Verband von mehreren Tieren. Sie schätzen ihre Individualität und Freiheit und ihnen genügen ihre Menschen als Gesellschaft zumeist vollkommen.

Bei geregelten Sozialkontakten vermissen sie ... nichts. In der Regel sind Zweibeiner daheim gänzlich ausreichend, und der Hund braucht keinen hündischen Partner.

Das Problem der Einzelhaltung ist häufig vielmehr die völlige Vermenschlichung des Hundes. Da mutiert der Vierbeiner zum verzogenen und unerzogenen Kind.

Dem Tier werden Eigenschaften zugesprochen, denen es nie gerecht werden kann. Seelentröster, Partner- und/oder Kindersatz und ein Wesen, das menschliche Züge trägt. Vermeintliche Gedanken des Hundes werden aus Menschensicht interpretiert und ihm wird damit eine Verantwortung aufgebürdet, der er nicht nachkommen kann - wie auch?

Viele Dinge des täglichen Alltags teilen wir mit unseren tierischen Gefährten. Ich denke, das ist absolut in Ordnung. Wo fängt die Vermenschlichung an? Niemals auf dem Sofa, oder dem Bett. Auch keinesfalls bei der Fütterung am Tisch.

Es beginnt genau d a, wo wir Menschen anfangen, den Hund Sachen tun zu lassen, die im Grunde w i r gern täten. Wo wir beginnen, uns über den Hund zu definieren und zu profilieren.

Waren wir in der Schule beim Sportunterricht Loser, muss der Vierbeiner jetzt eine Sportskanone sein.

Wären wir gern ein *Helfer in der Not* und haben uns dabei als ungeeignet erwiesen, soll der Hund heute - *auf Teufel komm raus* - ein Therapiehund werden.

Haben wir früher nicht besonders leicht gelernt, muss das Tier auf dem Hundeplatz ein As sein.

In der Praxis erlebe ich viele Vierbeiner, die komplett unter Stress stehen, weil sie den Anforderungen ihrer Halter niemals gerecht

34

werden können und statt Zuwendung, Lob und Liebe immer nur ein Abstrafen kennen.

Bereits ein Welpe muss heute nahezu makellos erzogen sein - ein Einzelhund besonders. ER ist ein Vorzeigeobjekt. Vermutlich schaut jeder auf genau *diesen* Hund und bewertet ihn.

Das Thema *Vermenschlichung* werde ich in einem separaten Kapitel noch ansprechen.

Egal, ob sie sich für ein Einzeltier entscheiden, oder Mehrhundehalter sind: Bedenken sie immer, dass ihr Vierbeiner ein denkendes und fühlendes Lebewesen ist - jedoch kein ... Mensch.

Hunde sind intelligente Ungehorsame und dem Umstand müssen wir als Halter Rechnung tragen. Lassen sie ihrem Tier ein gewisses Maß an Eigenleben und Eigenverantwortung. Selbstbestimmung steht auch einem Hund zu - selbst einem winzigen Welpen.

Hunde ruhen am Tag bis zu 20 Stunden. Sie dösen, beobachten und lernen uns dabei durch diese ständige Beobachtung kennen.

Achten sie bei ihrem Welpen auf die strikte Beachtung der stillen Phasen. Der Zwerg möchte keinesfalls dauerbespaßt werden und er mag es auch nicht, im Haushalt lebenden Kindern als Spielzeug zu dienen.

Mal ehrlich? Wenn sie einen Säugling haben, haben sie es dann gern, wenn das Baby von Arm zu Arm gereicht wird und mit allerlei Heiteitei immer rascheliger gemacht wird? Der Welpe ist im Grund nichts anderes als ein Baby. Irgendwann ist einmal Schluss und es muss Ruhe herrschen.

Um lernen und erfahren zu können, benötigt unser Hundekind Zeit und Ruhe. Es möchte in seinem Kopf fremde Eindrücke verarbeiten und für sich werten dürfen.

Ein entspannter Welpe lernt rascher und nachhaltiger als ein gestresster, permanent bespaßter, dauerabgestreichelter und überforderter Hund.

Alles im Leben braucht Zeit. Gewähren sie ihrem Welpen genau diese Zeit.

Die erste Nacht im neuen Zuhause

Ein spannender Tag geht für ihr noch frisches Familienmitglied zu Ende.

Trennung von der Mama und den Geschwistern, ungewohnte Menschen und eine mehr oder minder lange Autofahrt. Der allererste Blick in die fremde Umgebung. Für das kleine Köpfchen ein echter Kraftakt.

Die erste gemeinsame Nacht im sorgfältig vorbereiteten Zuhause wartet jetzt auf sie. Der Zimmerkennel sollte in ihrem Schlafzimmer stehen. Idealerweise direkt neben dem Bett, damit sie bei Bedarf nachts den Hund kurz anfassen und beruhigen können und hören, wenn der Zwerg sich meldet. Eine kleine Decke liegt darin, ein Spielzeug und (soweit vorhanden) auch ein Gegenstand, der nach Mama riecht.

Der Welpe kommt in den Kennel, wenn auch sie zu Bett gehen. Die Tür der Box ist dabei verschlossen, denn sie möchten nächtlicher Erkundungs- und Lösungsgänge vermeiden.

In den ersten Tagen mache ich es immer so, dass ich meinen Wecker im 3-Stunden Rhythmus stelle und den Hund zum Lösen nach draußen bringe. Sehr schnell zeigt sich, ob man die zeitlichen Abstände vergrößern kann.

Wird das Tier von sich aus unruhig, nehmen sie es fix aus dem Kennel auf den Arm und tragen sie es raus, damit es sich lösen kann.

In der Welpenzeit habe ich zu diesem Zweck immer entsprechende Garderobe griffbereit am Bett, die ich fix anziehen kann.

Egal, wie müde sie auch sind: Vergessen sie niemals, den Hund ratzfatz und überschwänglich zu loben, wenn er sein Geschäft verrichtet hat. Lob und Bestätigung werden dazu führen, dass das Tier flott lernt, dass braves Verhalten belohnt wird. Ein kleines Leckerchen ist an dieser Stelle durchaus angebracht.

Bespaßt wird in der Nacht nicht mehr. Der Hund kommt zurück in den Kennel und die Nachtruhe geht weiter, und zwar unabhängig davon, ob der Zwerg meutert, oder nicht.

Die Blase unseres Hündchens ist erst mit etwa 4 Monaten so ausgebildet, dass sie kontrolliert werden kann. Gleiches gilt für den Darm. Mit etwas Geduld kann der Welpe aber bereits mit 12 Wochen recht zuverlässig stubenrein sein, wenn wir Menschen achtsam sind und die Anzeichen erkennen, die uns zeigen, der Zwerg muss raus.

Sie gewöhnen sich schnell an den nächtlichen Rhythmus ihres Tieres und die Nachtruhe verlängert sich kontinuierlich.

Jetzt möchten sie aber vielleicht nicht, dass der Hund für alle Zeiten in ihrem Schlafzimmer nächtigt und der Kennel ist eine unpassende Schlafstätte auf Dauer.

Hunde wechseln nachts häufig den Liegeplatz und wir vermeiden, sie darin zu limitieren. Vierbeiner haben eine ganz eigene Auffassung davon, welcher Schlafplatz für sie ideal erscheint und ich bitte sie, das Tier selbst darüber entscheiden lassen, wo dieser Platz letztlich sein wird. Im Zweifel landet der Hund ja doch früher oder später bei ihrem Bett, wenn sie es dulden und mögen.

Der Welpe bleibt etwa bis zur 16. Woche neben dem Bett, damit sie nötigenfalls beruhigend eingreifen können. Danach beginnen sie, den Kennel vom Bett zu entfernen - zum Beispiel in den Flur vor der Schlafzimmertür. Der Hund hört sie und sie hören ihn. Stubenrein ist er und so sind sie nicht mehr permanent in Habachtstellung.

Ihr Ohr hat sich zum *Mutterohr* entwickelt, und selbst kleinste Bewegungen des Tieres lassen sie erwachen und aufmerksam lauschen.

Ich persönlich nehme mir viel Zeit für die Phase der Ausquartierung. Mein Hund soll wissen, dass ich zu jeder Zeit für ihn erreichbar bin. Das Empfinden, dass ich ein verlässlicher Partner bin, muss für das Tier immer gegeben sein.

Ein Welpe lernt in diesem Zeitraum bereits, allein sein zu können. Das Gefühl menschlicher Nähe vermittelt Sicherheit und Geborgenheit. Sie sind zwar nicht sichtbar, aber doch ... da.

38

Nach einer Weile steht der Kennel mit dem Welpen nachts dort, wo der tatsächliche Ruheplatz angedacht ist. Vermutlich werden es das Wohnzimmer oder der Flur sein. Wesentlich ist, dass dort dann ein gemütlicher Schlafplatz auf das Tierchen wartet.

Die letzten Nächte im Zimmerkennel bleibt die Tür der Box nur noch angelehnt und wird nicht mehr verschlossen. Der Hund soll von sich aus merken, dass er nicht mehr limitiert ist. Er kann jetzt frei erkunden, ob er weiterhin im Kennel schlafen möchte, oder in das Hundebett wechselt.

Ich kenne viele Hunde, die es mögen, das komplette Leben nachts in ihrem Kennel zu ruhen. Sie empfinden Schutz, Sicherheit und ein Gefühl der angenehmen Isolation dort. Die Box ist und bleibt dann ein sicherer Hafen, ein Rückzugsort, der unantastbar ist.

An dieser Stelle sei bemerkt, dass eine Kunststoff-Box, oder ein Kennel k e i n *Aufbewahrungsort* für a) langfristige Zeit und b) dann im geschlossenen Zustand ist!

Es ist fatalerweise häufig so, dass Hunde in der Abwesenheit ihrer Menschen die Hälfte des Tages (oder gar noch länger) in Box oder Kennel verbringen. Auch bei einer ausreichenden Größe reicht das nicht aus, damit das Tier sich genügend darin bewegen kann. Folge? Ein kranker Rücken mit Spondylosenbildung, Schmerzen und eine mangelnde Durchblutung sind gravierende Konsequenzen.

Sorgfältig geübt, bleibt ein Hund ohne Probleme auch für eine Weile ohne Aufsicht bei uneingeschränkter Freiheit daheim und zerstört nichts.

Übung macht den Meister und Herrchens/Frauchens Geduld...

Pipi und Pooh - Stubenreinheit

Scheinbar das bewegende Thema überhaupt. Wie bekomme ich das Hündchen stubenrein?

Zugegeben: Im klaren Vorteil ist bei diesem Punkt der ... Mehrhundehalter. Der Welpe hat die überaus praktische Angewohnheit, sich von den weiteren vierbeinigen Mitbewohnern viele Verhaltenszüge abzuschauen. Ehrlich? Nicht immer nur die Positiven. Aaaaaaber: Die Sache mit der Reinlichkeit gehört zu *den* Dingen, deren Übernahme einfach nur äußerst vorteilhaft ist.

Gehen wir vorerst davon aus, dass der Welpe ein »Einzelkind« ist.

Eine gute Beobachtungsgabe ist neben ein paar Grundlagen gefragt. Der Zwerg kommt grundsätzlich raus, wenn er gefressen und/oder eine größere Menge getrunken hat. Blase und Darm sind beim Kleinchen noch nicht in der vollen Funktion für das Tier kontrollierbar. Eine verlässliche Stubenreinheit kann erst mit 12 Wochen abgeschlossen sein, manchmal auch später.

Da die Organe noch klein sind, haben sie anfangs ein entsprechend geringes Fassungsvermögen. Wir Menschen achten also darauf, dass der Welpe genügend häufig die Möglichkeit erhält, sich zu entleeren, und zwar an einem Ort, der sowohl ihm selbst, als auch uns angenehm ist. In der Regel ist das n i c h t das häusliche Umfeld.

In der Praxis richten sich Vierbeiner bei der Verrichtung des großen Geschäftes nach dem Magnetfeld der Erde und bevorzugen eine Nord-Süd-Richtung.

Geduldig tragen wir unseren Hund alle 2-3 Stunden nach draußen und auch immer dann, wenn gefressen und ausgiebig gespielt wurde.

Ein Malheur im Haus passiert nicht ohne eine gewisse *Vorankündigung*. Der Welpe ist aufgeregt? Er fängt an, mit tiefer Nase am Boden zu schnüffeln? Er freut sich im Augenblick gewaltig? Dann heißt es fix zu reagieren. Das Tierchen auf den Arm und raus an den Platz, wo es sich lösen soll.

41

Auch wenn die Pfütze bereits auf dem Fußboden des Wohnzimmers ist: Der Hund wird sofort und ohne Trara rausgebracht! Schimpfen? Sinnlos! Womöglich mit der Nase in den Urin stupsen? Katastrophe! Nicht nur veraltet, sondern eher kontraproduktiv.

Idealerweise sollte man das Pipi oder ein Häufchen ignorieren und kommentarlos beseitigen. Optimal ist es, wenn der Hund nicht dabei ist, während sie den Boden reinigen. Je weniger Beachtung die Hinterlassenschaft in den Augen des Tieres bekommt, desto besser ist es.

Warum? Ein Hund lernt relativ fix, dass man aus Protest pinkeln kann, um Aufmerksamkeit zu bekommen, und sei es nur über das Ausscheidungsprodukt. Diese Form hündischer Erpressung umgeht man mit dem nötigen Maß an Ignoranz gegenüber den Ausscheidungen.

Es ist noch kein Meister vom Himmel gefallen. Wie auch bei Kindern, so ist jeder Hund anders in seinem Lernverhalten und der Schnelligkeit der Umsetzung. Letztlich werden sie aber alle über kurz oder lang stubenrein.

Draußen wird jedes Pipi und jedes Häufchen mit einem hemmungslosen Indianer-Freuden-Tanz goutiert. Sich »zum Affen machen« gehört für den Besitzer eines Welpen zur Pflichtübung. Der Zwerg verknüpft mit dem menschlichen Überschwang (gepaart mit vielen lobenden Worten) eine gelungene Aktion. In gewisser Weise: Futter für den »*will to please*«, den angeborenen Wunsch des Labradors, zu gefallen.

Zuweilen passiert es, dass man den kleinen Hund nach draußen bringt und dort verzweifelt Runde um Runde dreht, ohne dass das Tier sich löst. Kaum betritt man den eigenen Haushalt, läuft es dann plötzlich regelrecht aus. Was ist geschehen?

Wir können zwei Ursachen ausmachen.

1) Der Welpe war einfach zu abgelenkt und hat über all den verschiedenartigen Eindrückenschlicht *vergessen,* sein Geschäft zu machen.

2) *ANGST!*

42

Sich zu lösen, ist ein Akt des Ungeschütztseins, der Angreifbarkeit. Findet das Hundekind draußen keine Ruhe, und/oder fühlt sich aus irgendeinem Grund bedroht, wird es sich nicht lösen können. Im Schutz des eigenen Zuhauses empfindet das Tier Sicherheit, Stabilität und Ruhe, seine Geschäfte zu erledigen.

Nehmen sie diese Ausrutscher mit Gelassenheit und kommentieren und quittieren sie keinesfalls mit Ärger oder womöglich Strafe. Überlegen sie vielmehr, was man an der kurzen Gassirunde verändern kann, damit das Tierchen Ruhe erfährt und den Bedürfnissen ungestört nachkommen kann.

Oftmals reicht es bereits aus, die Gassigänge an Orte zu verlegen, an denen man nicht auf zu viele fremde Artgenossen und ihre Begrüßung trifft und keine Lärmquellen, sowie eine große Zahl Menschen den kleinen Hund überfordern.

In der Nacht zeigt sich der Zimmerkennel neben ihrem Bett dann als beste Lösung, Stubenreinheit zu erlernen.

Ein Welpe beschmutzt nicht seine Schlafstätte. Ehe er ein Häufchen oder eine Pfütze in den Kennel macht, wird er sich melden. Da der Zwerg unruhig wird und in der Gitterbox herumläuft, können sie fix reagieren und ihn raustragen.

Recht flott sollte das kleine Tier im Zeitraum von 23.00 Uhr und 6.00 Uhr morgens durchschlafen. Glauben sie mir, für Neuhundehalter ist das eine echt lange Zeit, in der man ungestört schlafen kann.

Gestalten sie eine nächtliche Pipi-Runde klugerweise eher wortlos. Wenn sie mit dem Welpen anfangen zu spielen und ihn zum Toben zu animieren, dann haben sie ... verloren.

Wie bei einem Kleinkind wird auch der vierbeinige Nachwuchs unwillig zurück in sein »Bettchen« gehen und gehöriges Theater anstimmen. Grundsätzlich erfolgt nachts kein Bespaßungsprogramm!

Beschränken sie sich auf eine wortkarge Kommunikation, jedoch niemals, ohne ausgiebig zu loben, wenn das Geschäftchen erledigt ist. Sprechen sie mit eher leiser Stimme und agieren sie körperlich ausgeglichen und still.

43

Haben sie Bedenken, den Welpen in der Nacht nicht zu hören, wenn er unruhig ist, dann bleibt nur eine Lösung: der Wecker.

Aufstehen und ohne Umstände mit dem Zwerg raus.

Es kommt der Moment, wo sie nach dem Weckerklingeln das Hündchen im Tiefschlaf vorfinden und es nicht bereit ist, aufzustehen und nach draußen zu gehen. In diesem Augenblick merken sie, dass ihr Welpe langsam soweit ist, nachts eine längere Zeit durchzuhalten. Sie wecken das Tier keinesfalls auf, sondern lassen sie es einfach schlafen. IHRE Ohren bleiben gespitzt um zu hören, wann der kleine Racker sich meldet.

Im Alter von 16 Wochen sollte der Zwerg durchschlafen. Mit bereits 3 Monaten kann ein gesundes Tier in der Nacht etwa 6 Stunden am Stück ruhen.

Idealerweise bringen sie ihrem Hund von Beginn an ein *Schlüsselwort* bei, bei dessen Ertönen er sich lösen soll.

Beispiele sind: pischi-pischi, mach fein Pipi, mach dein Pooh (Häufchen). Sie trainieren dieses Markerwort, indem sie stets das Wort sagen, sobald der Hund ein Geschäft erledigt hat (und natürlich vorher). Rasch verknüpft der Zwerg mit dem speziellen Ausdruck die Handlung und sie können damit verlässlich abrufen, was das Tier tun soll.

Passiert ein Malheur daheim, ist es wesentlich, die Stelle sorgfältig zu putzen, an der sich die Pfütze, oder das Häufchen befand. Ideal ist die Verwendung von einem Glasreiniger-Spray, oder Essigwasser zur Reinigung. Diese Substanzen tilgen Geruchsspuren nachhaltig.

Der Welpe verknüpft mit dem Geruch einen Löseplatz! Riecht er also immer wieder denselben Platz, wird er sich auch dort ständig erleichtern. Eine gewisse Gründlichkeit ist bei der Entfernung also notwendig.

Helfen sie ihrem Hundekind, zu erkennen, wo der »passende« Ort ist, an dem er seine Geschäfte verrichten darf.

Noch ein Tipp am Ende dieses Kapitels: Viele Welpen freuen sich so übermäßig, wenn Herrchen oder Frauchen heimkommen, dass eine

44

sofortige »Flutung« erfolgt. Um das zu vermeiden, begrüßen sie den Hund entweder sehr ruhig und verhalten (was im Grunde nicht so toll für das Tier ist), oder sie nehmen ihn augenblicklich mit raus in den Garten, oder auf eine sonstige Grünfläche. Erst dort findet dann die stürmische, gegenseitige Begrüßung statt.

Bitte achten sie beim Begrüßungsritual bereits darauf, nicht angesprungen zu werden! Sie unterbinden das Hochspringen, indem sie einfach in die Knie gehen und ihrem Hund quasi »auf Augenhöhe« begegnen.

Hüpft der Zwerg dennoch an ihren Beinen hoch, schieben sie in sanft und mit einem »Nein«, oder einem »runter« zurück auf den Boden.

In vielen Hundeschulen wird bis heute propagiert, dass man dem Hund ein Knie in den Bauch rammen soll, um das Anspringen zu unterbinden. Diese Maßnahme ist nicht nur veraltet, sondern völlig unangemessen!

Bitte bedenken sie: Der Hund möchte in die Nähe ihres Gesichtes (im Grunde in die Reichweite ihres Mundes). Ein Relikt aus den Zeiten der wölfischen Vorfahren. Welpen begrüßen auf diese Weise das Muttertier um Zuwendung zu erhalten und gleichzeitig dicht am Futter zu sein, welches die Mutter im Maul trägt.

Mit jeder Lebenswoche mehr erlernt ihr Welpe, was von ihm gewünscht ist und was nicht. Verknüpfen sie die Themen rund um die Stubenreinheit mit kleinen Erziehungseinheiten, wie zum Beispiel eben genannt, mit dem Unterbinden unerwünschten Verhaltens.

Aus den vielen einfachen Teilen des Erziehungs-Puzzles, ergibt sich auf diese Weise eine abgerundete und für beide Parteien zufriedenstellende Zusammenarbeit und erzieherische Partnerschaft.

Pflege und Berührungen

Unser Welpe wird uns ein langes Hundeleben begleiten. Im Laufe der Zeit wird es immer mal wieder Erkrankungen geben und unendlich viele Situationen, in denen wir das Tier berühren müssen, und zwar nicht nur an den gewohnten Körperstellen wie Kopf, Hals und Rücken.

Davon abgesehen, gehört es zu einer leistungsfähigen Partnerschaft dazu, dass man sich vertraut und anfassen kann.

Berührungen in jeglicher Form dienen der Sozialpflege, der Psychohygiene und der gesundheitlichen Vorsorge und Versorgung.

Körpersprachliche Ausdrücke sollen mit kleinen Touchs goutiert und ausgeglichen werden - beiderseits.

Es ist folglich wesentlich, den Welpen überall anfassen zu können/ zu dürfen und das in vertrauender, persönlicher Atmosphäre.

Wenn der Zwerg bei uns einzieht, wird er nur die Berührungen seiner Mutter kennen und die Zuwendung des Züchters. Es ist also ein grundlegend neuartiger Lernprozess, sich zu jeder Zeit an jeder Stelle des Körpers von uns anfassen zu lassen.

Die begeisterten Streicheleinheiten von uns, wird der Welpe unter Umständen anfangs nicht sympathisch finden, jedoch erdulden.

Eine für beide Seiten innige und verbindende Übung möchte ich ihnen gern vorstellen.

Setzen sie sich bequem hin, und zwar so, dass ihre Beine geschlossen auf dem Boden stehen. Nehmen sie den Welpen vorsichtig auf den Arm, beruhigen sie ihn und legen sie ihn dann sanft in Rückenlage auf ihre Oberschenkel. Bitte ohne Zwang!

Jetzt beginnen sie sacht, mit den Fingerspitzen den Kopf zu streicheln. Zart kneten sie mit zwei Fingern die kleinen Öhrchen und die Partie im Bereich der »Wangen«. Massieren sie die Schultern und mit ruhigen Bewegungen die Lendenpartien des Welpen. Die Beine werden zart ausgestrichen und die Pfötchen leicht gekne-

47

tet. Der Bauch wird vorsichtig mit kreisförmigem Fingerdruck massiert.

Fühlen sie, wie der Zwerg sich bei dieser Annäherung entspannt und womöglich auch einschläft.

Genießen sie die Zeit ungestörter Zweisamkeit mit dem kleinen Hund. Bitte *zwingen* sie das Tier keinesfalls in die Liegeposition! Unter Umständen brauchen sie Geduld und ein wenig Übung dafür.

Ist das Kleinchen eher ein »Zappelphilipp«, können sie das Ritual anfangs auch trainieren, wenn der Hund am Boden ruht. Nur: Erzwingen sie die Rückenlage wirklich niemals! Für den Hund ist diese Position mit hoher Wehrlosigkeit verbunden und erfordert ... Vertrauen.

Labradore haben rassebedingt relativ oft Probleme mit den Ohren. Der Behang liegt eng am Kopf an und durch Wärmestau kommt es häufig zu Entzündungen und/oder Pilzbefall. Die Leidenschaft für Wasser begünstigt diesen Umstand. Die Hundeohren sollten im Abstand von 3-5 Tagen regelmäßig kontrolliert und gereinigt werden. Auch *das* ist ein wesentlicher Punkt des Berührungs-Trainings.

Am besten geschieht die Reinigung, indem man das äußere Innenohr mit einem feuchten Babytuch putzt. Das Innenohr selbst besteht aus einem verhältnismäßig geraden Gehörgang, der dann einen annähernd rechtwinkligen Knick macht. Um den Bereich so zu säubern, dass keine Verletzungen entstehen, gibt es eine einfache Methode. Man nimmt ein Küchenkrepp und dreht es so zusammen, dass eine Spitze entsteht. Diese Spitze schiebt man in den Gehörgang und reinigt ihn durch Drehung des Papiers.

Ist das Ohr innen heftig verschmutzt, ist es ratsam, eine Spülung hinein zu geben. Der Hund hasst es - glauben sie mir!

Es hat sich als probat erwiesen, eine Ohrspülung in Gel-Form zu verwenden. Das Gel löst sich erst unter Körperwärme im Gehörgang auf und der Hund empfindet das Einlaufen der Lösung nicht als unangenehm.

Wesentlich ist es, dem Hund nach dem Schwimmen und Baden sorgsam die Ohren innen zu trocknen! Leichte braune Verschmutzungen im Hundeohr sind normal. Ohrenschmalz schaut so aus.

48

In dem Augenblick, in dem der Schmutz jedoch dunkelbraun und bröselig verklumpt ist, sollte ein Tierarzt eine Kontrolle vornehmen.

Einen Pilzbefall im Ohr kann man an den Pfoten des Tieres riechen! Ein säuerlicher Geruch, gelegentlich auch wie Urin und mitunter wie Käse, lässt auf einen Befall mit Hefen schließen. Gesunde Hunde riechen an den Läufen eher nach Erde und Gras.

Der Veterinär wird bei Handlungsbedarf entsprechend Ohrentropfen verschreiben und ein Mittel zum Waschen der Pfoten, damit die Pilzinfektion sich nicht durch Kratzen von den Füßen zum Ohr und wieder zurück ausweitet.

Das kontinuierliche Reinigungsritual lernt das Tier schnell und es gehört dann zum *normalen* Tagesablauf im Hundeleben.

Nutzen sie jede Streicheleinheit dafür, den Welpen rundum zu berühren und zu streicheln. Spätere Untersuchungen beim Tierarzt werden für das Tier dadurch nicht zu Stress und vor allem ... nicht als unangenehm empfunden.

Auch die Pflege der Pfotenballen und der Krallen gehört zu den regelmäßigen Ritualen. Im Winter schützt man die Ballen sorgsam mit Hirschtalg oder Vaseline von den Spaziergängen.

Die Krallen laufen sich Hunde in der Regel von selbst ab. Jedoch ist das nur dann der Fall, wenn auf den Gassirunden unterschiedliche Untergründe belaufen werden. Auch gibt es Tiere, bei denen der Krallenwuchs übermäßig intensiv ausgebildet ist.

Als Hundehalter achten wir darauf, die Pediküre bei unseren Vierbeinern zu übernehmen. Da das Laufen auf zu langen Krallen äußerst schmerzhaft ist, kürzen sie im Bedarfsfall alle Zehenkrallen -sowie die Wolfskrallen (Daumen)- mit einer speziellen Zange (im Handel für Heimtierbedarf erhältlich).

ACHTUNG! Auch Krallen sind durchblutet! Im Inneren befindet sich das sogenannte »Leben«. Von unten betrachtet kann man dessen Verlauf sichtbar erkennen. Bitte lassen sie sich von einem Tierarzt das Kürzen mit der Spezialzange zeigen. Auf Dauer spart es recht viel Geld, die Pfotenpflege beim Hund selbst zu erledigen. Ein Tier, welches Berührungen an den Füßen gewöhnt ist, wird dabei keine größeren Probleme bereiten.

Im Winter muss man gelegentlich die Behaarung zwischen den Fußballen leicht schneiden. Dort verfängt sich beim Laufen Schnee und gefriert, was zu starten Schmerzen führt. Die meisten Hunde mögen das Geräusch eines elektrischen Trimmers nicht. In diesem Fall verwenden sie bitte eine Schere mit abgerundeten Spitzen.

Besitzer kleiner Rüden haben von Anfang an eine spezielle *Aufgabe* im Bereich Pflege und Berührungen.

Die Reinigung vom Penis mit der Vorhaut muss der Welpe von Beginn an lernen, damit es später unter Umständen nicht gesundheitliche Probleme gibt.

Eine Vorhautspülung sollte der Rüde wöchentlich bis maximal alle 14 Tage bekommen. Zu diesem Zweck gibt man eine spezielle, medizinische Spülung mittels eines Applikators direkt unter die Vorhaut.

Der sogenannte Präputialkatarrh ist die bei Rüden häufigste Störung im Milieu der Vorhaut. Gelber bis weißlicher Ausfluss kennzeichnet die Erkrankung, die jedoch keine gesundheitliche Einschränkung des Hundes darstellt. Dafür aber eine hygienische Herausforderung für den Halter, denn das Tier *tröpfelt* permanent und verteilt das Sekret (Smegma) dabei überall im Haushalt. Oftmals hat dieser Effekt auch einen unangenehmen Geruch.

Neben regelmäßigen Spülungen hilft im späteren Lebensalter oft nur eine Kastration gegen das lästige Übel, aus dem sich durch Lecken massive Gesundheitsstörungen wie z.B. eine *Balanoposthitis*, also eine Entzündung von Vorhaut und Eichel mit absterbendem Gewebe entwickeln kann.

Bereits beim männlichen Welpen beginnt man mit der Intimpflege. Ein ausgewachsener Rüde wird nicht sonderlich begeistert sein, in diesem Bereich angefasst und umsorgt zu werden. Nutzen sie also den Gewöhnungs-Effekt!

Vielleicht noch ein abschließender Wunsch in aufgeklärter Zeit.

50

Immer wieder höre ich von Kunden ein Drucksen, wenn es um das Geschlechtsteil des Rüden geht. BITTE verfallen sie nicht in die Kindersprache und reden sie vom »Pullermann«, dem »Pipihahn« oder sonstigen eher lächerlichen Bezeichnungen!

Ihr Tierarzt wird sie als Hundehalter erst dann für voll nehmen, wenn sie sich adäquat verbal ausdrücken und den Labradödel beim Namen nennen: PENIS!

So mancher Neuhund-Besitzer vertritt die Meinung, dass das Tier gebadet werden muss, da es im Haushalt lebt. Ein Irrglaube!

Unsere Hunde wurden nie gebadet, außer, sie wälzen sich extrem in Aas und eine Reinigung mit Ketchup (treffsicher gegen jede Art von üblen Gerüchen) half überhaupt nicht.

Vierbeiner verfügen über ein selbstreinigendes, rückfettendes Fell. Regelmäßiges Ausbürsten reicht zur Pflege vollständig aus. Tier-Shampoos schaden mehr, als dass sie einen Nutzen haben! Die Heimtierindustrie verdient hervorragend an diesen Präparaten und dem Hygienewahn der Tierbesitzer.

Wenn es jedoch tatsächlich einmal sein muss, benutzen sie ein mildes Baby-Shampoo und spülen sie das Hundefell bitte sorgfältig aus.

Die Verwendung eines Föhns? Nicht jeder Hund mag das! Ich halte es auch für keine nützliche Lösung. Die Warmluft trocknet die Haut massiv aus. Lassen sie den Vierbeiner nach gründlichem Abrubbeln besser an der Luft Trocknen.

Bei einem winzigen Welpen kann man sich auch mit einem sogenannten Schnell-Shampoo helfen. Das ist eine Schüttel-Lotion, die einen feinen pH-neutralen Schaum bildet. Damit reinigt man das Fell und trocknet (ohne auszuspülen) dann das Tierchen ab.

Fazit: Jeden Tag ein wenig geübt, werden Berührungen für ihren vierbeinigen Schatz zu einer Normalität mit persönlichem Charakter. Angst wird dabei nicht empfunden, Unbehagen auch nicht.

Ist der Hund erwachsen, haben sie einen verschmusten Partner, der jede Annäherung mit den Händen genießt. Der positive Neben-

51

effekt ist, dass das Tier weder verschreckt noch aggressiv auf Berührungen reagiert, weil sie ungewohnt und damit verstörend wirken.

Streicheleinheiten verschaffen Nähe und Zugang. Dinge, die im Miteinander unersetzlich und wesentlich sind, um Bindung zu erzeugen und zu erhalten. Das Vertrauen ihres Hundes in sie ist unerschütterlich und wird im Laufe des Hundelebens zu einem glücklichen Faktor im gemeinsamen Leben.

Der Tierarztbesuch

Gelegentlich bin ich erschüttert, wenn ich Berichte meiner Kunden über Tierarztbesuche höre.

Unnötige Untersuchungen, fehlerhafte Diagnosestellungen und aufwendige medizinische Leistungen, wo sie nicht erforderlich sind.

Der Mythos vom »guten alten Landtierarzt« stirbt scheinbar langsam aus. Der Doc, der Tag und Nacht Zeit hat und bei Bedarf auch gern nach Hause kommt.

Es scheint mir wesentlich, an dieser Stelle Anmerkungen für den Welpen in Bezug auf den Tierarzt zu machen.

Schauen sie sich vor Einzug des Vierbeiners unterschiedliche Praxen an und informieren sie sich über Leistungen, Preise und Spezialisierungen.

Eine technisch hervorragend ausgestattete Praxis macht auf mich nur *einen* Eindruck: Hier ist es teuer, denn alle Geräte wollen angeschafft und bezahlt werden. Eine fachliche Qualifikation steht nicht zwangsläufig hinter der medizinisch hochwertigen Ausstattung.

Sprechen sie mit dem Tierarzt persönlich! Wie wird in der Praxis der Umgang mit Welpen gepflegt? Haben sie die Möglichkeit, mit dem Tierchen in einem separaten Wartebereich zu verweilen, solange das Kleine noch nicht komplett durchgeimpft ist? Kann eine Untersuchung auch auf dem Boden, statt auf dem Tisch vorgenommen werden? Führt der Arzt auf Wunsch eine kompetente Futterberatung durch und wie sieht es mit Notfalldienst an den Wochenenden aus? Welche Operationen bietet die Praxis an und was für Narkosen stehen zur Verfügung? Ist der Doc informiert über die Labrador-Rasse und ihre Anfälligkeit für einige Erkrankungen wie zum Beispiel HD/ED? Eine weitere relevante Information ist die, ob der Arzt mit einer Klinik zusammenarbeitet, in die der Hund für eine etwaig notwendige Spezialdiagnostik überwiesen werden kann?

Lassen sie sich bitte nicht von diesen Punkten verschrecken.

Die Fragen bedeuten keinesfalls, dass ihr Welpe alle Fakten in Anspruch nehmen wird. Letztlich ist die Situation vergleichbar damit, dass sie ein Kind bekommen. Sicher informieren sie sich im Vorfeld, wo der *beste* Kinderarzt seine Praxis hat und welches Krankenhaus in ihrer Nähe auf die Behandlung von Babys eingerichtet ist.

Das Wissen um all diese Informationen beruhigt für den Notfall und stellt *keine* Vorbereitung für mittelschwere Katastrophen dar.

Oftmals ist es hilfreich, sich mit anderen Hundehaltern bezüglich deren Erfahrungen mit einem konkreten Tierarzt auszutauschen. Scheuen sie sich nicht, Hundebesitzer anzusprechen, die sie kennen. Suchen sie das Gespräch auf der Straße auch mit ihnen fremden Hundehaltern. In einer Unterredung auf neutralem Boden erhält man öfters interessante Informationen und Tipps. Auch im Internet findet man Bewertungen von Veterinären und Kliniken. Weiß man sie *folgerichtig* zu lesen, ist einem bereits häufig geholfen.

Ein interessierter und beruflich engagierter Tierarzt wird ihre Fragen in der Praxis vor Ort geduldig beantworten und nie belächeln. Ein »guter« Veterinär zu sein bedeutet, Verständnis nicht nur für die Tiere, sondern auch für die besorgten Halter zu zeigen und dieses keinesfalls nur aus finanziellen Gründen zu heucheln.

Tiermedizin sollte in erster Linie eine Passion sein, eine Berufung und nicht ein ausschließliches Mittel, Geld zu verdienen.

Die Suche scheint mühselig, lohnt sich aber in jedem Fall, wenn man einen grandiosen Doc gefunden hat. Es gibt ihn wirklich noch, den ambitionierten Tierarzt mit Idealen!

Ist ihr Welpe eingezogen, sollten sie bald mit dem Training für den Tierarztbesuch beginnen. Viele Hunde haben eine instinktive Angst in der Arztpraxis. Patienten-Hunde haben darauf einen Einfluss und die Gerüche der Räume dort selbst.

Körperliche Ausdünstungen der zu behandelnden Tiere durch Stress, aber auch durch verabreichte Medikamente, lassen den Welpen ahnen, dass es kein Ort für Spiel und Spaß ist.

54

Bei unseren eigenen Hundekindern halte ich es jeweils so, dass ich mit dem Tier einige Male die Tierarztpraxis besuche, *ohne* eine Konsultation in Anspruch zu nehmen. Wir begrüßen das Team und den Tierarzt und setzen uns in das Wartezimmer. Nach einer halben Stunde verlassen wir die Räumlichkeiten und der Welpe kann sich von den Eindrücken erholen.

Viele Tierhalter machen aus Unkenntnis -und nicht in böser Absicht- den Fehler, das Tier beim Doc beruhigen zu wollen.

Ich beobachte oft, dass Hunde beständig gestreichelt und dabei immer wieder mit den Worten »ist ja alles gut - wird ja gar nicht schlimm« versucht wird, zu beschwichtigen.

Ehrlich? WAS denken sie, wenn ihnen permanent jemand beim Arzt sagt, alles würde doch *gut* werden?

Also bei mir persönlich stellten sich bei diesen Vokabeln die Alarm-Antennen sofort und richtig steil auf. Beschwörend immer aufs Neue wiederholt, haben ebendiese Worte eine durchaus alarmierende Wirkung auf das Tier. Gedankliche Folgerung? Gleich geht hier die Post ab - aber gewaltig!

Besser ist es, etwaige Ängste des Hundes schlicht ... zu ignorieren. Im Zweifel gibt es die Option, mit dem Tier vor der Praxis (gern auch im Auto) zu warten und darum zu bitten, dass man ihnen Bescheid gibt, wenn sie direkt zum Arzt in den Behandlungsraum können.

Wir handhaben es so mit unseren jetzigen Rackern. Ich mag die Beiden nicht mit Stress vollpumpen, wenn es sich umgehen lässt.

Wir bleiben geduldig vor der Tür, bis wir an der Reihe sind. Stressfrei ist auch das nicht komplett (sie kennen selbstverständlich den Parkplatz der Klinik), aber es ist entspannter, als im Wartebereich zwischen anderen aufgeregten Hunden, Katzen und Kleintieren zu sitzen.

Ein Welpe soll nach Möglichkeit früh lernen, dass die Wartezone auf keinen Fall angsteinflößend ist und dass nicht bei jedem Besuch in der Praxis etwas *passiert*. Er soll den Arzt kennenlernen und ihm vertrauen.

Der Doc kann den Zwerg bereits bei den Testbesuchen anfassen, streicheln und ihn mit einem Leckerchen bestechen. Zeichen von Freundschaft setzen und Nähe schaffen, ohne dass eine Aktion stattfindet.

Stellen wir den Umkehrschluss her: Sie gehen mit dem Welpen erstmalig *ungeübt* in den Untersuchungsbereich, weil sie das Tierchen wegen einer schmerzvollen Verletzung vorstellen möchten. Der Besuch ist mit Aufregung, Stress u n d Schmerzen verbunden und demzufolge mit einer eher unangenehmen Behandlung.

Der kleine Hund nimmt aus dieser ersten Begegnung mit dem Arzt nur negative Verknüpfungen mit. Eine Freundschaft fürs Leben kann man dann kaum noch erwarten.

Viele unserer Vierbeiner müssen heute regelmäßig in eine Tierarztpraxis.

Jeder Hund besucht im Jahr durchschnittlich 2x jährlich eine ärztlich Praxis oder Klinik.

Krallen werden geschnitten, Impfungen vorgenommen, oder die Ohren sind entzündet. Kleine Verletzungen werden behandelt und gravierende Erkrankungen versorgt und kontrolliert.

Der gewaltigste Gau ist es in diesem Fall, wenn ein Hund bei jedem Termin restlos gestresst ist und anschließend viele Tage benötigt, um sich zu normalisieren.

Beugen sie vor und gewöhnen sie ihren Welpen an die Besuche. Mit größter Wahrscheinlichkeit gibt es kaum ein Tier, welches völlig unbefangen die Behandlung über sich ergehen lässt. Mit etwas Übung erreicht man jedoch, dass notwendige Versorgungen für Hund und Halter halbwegs entspannt verlaufen.

Auch hier dürfen wir es als Hundehalter nie versäumen, unseren Welpen umfangreich und voller Freude zu loben.

Partner können sich aufeinander verlassen! Seien sie ein Partner und geben sie ihrem Hund die notwendige Sicherheit!

Auch wenn sie selbst randvoll mit Sorge und Aufregung sind, bewahren sie einen kühlen Kopf. IHRE Unsicherheit überträgt sich zu 100% auf den Hund. Versuchen sie, ein souveräner und emotional stabiler Hundeführer zu sein.

Bitte lassen sie den Welpen und später erwachsenen Hund *niemals* während der Untersuchungen allein!

Ist eine Narkose vorgesehen, bleiben sie bei ihrem Vierbeiner, bis er »schläft«. Mancher Hund hat in dieser Situation ein schweres Trauma erlitten, weil er sich verlassen fühlte.

Ein versierter Tierarzt wird Verständnis für ihr Ansinnen haben und nicht verlangen, eine Untersuchung in ihrer Abwesenheit durchzuführen.

Steht der Hund auf dem Untersuchungstisch oder dem Boden, legen sie bitte nie die Arme um das Tier, um es festzuhalten. Eine *Umarmung* ist für den Hund eine bedrohliche Geste, die ausschließlich dann genutzt werden darf, wenn das Tier mit ihr vertraut ist und sie zu deuten weiß!

Fassen sie lieber leicht in das Halsband, oder besser legen sie eine Hand vor die Brust des Vierbeiners und eine vor den Po. Der Hund sollte sich nie bedrängt fühlen, sondern nur unterstützend sacht fixiert sein, damit die Untersuchung zügig und reibungslos stattfinden kann.

Der Welpe lernt mit dem Kommando »steh«, dass er bewegungslos verharren soll. Mit Geduld und einem tüchtigen Maß an Lob klappt das prima, und der Zwerg wird auch beim Doc brav alle Untersuchungen über sich ergehen lassen.

Sind ihnen Untersuchungsabläufe unbekannt, oder sie sind mit geplanten Maßnahmen nicht vertraut, fragen sie bitte nach!

Gleiches gilt für die Diagnosen. Nicht jeder Otto-Normalhund-Halter hat das große Latinum. Wenn sie einen Fachausdruck nicht deuten können, lassen sie ihn sich erläutern.

Nur *SIE* kennen ihren Hund wirklich. Haben sie den Eindruck, dass scheinbar sinnlose Untersuchungen vorgenommen werden sollen, bitten sie um Bedenkzeit und informieren sie sich andernorts zur Absicherung.

Ein gelungenes Beispiel dafür ist das Thema Allergien. Nicht alle Hunde, die sich offenbar häufig kratzten, sind auch Allergiker.

Internetforen und Netzwerke verunsichern zunehmend Halter und erwecken den Eindruck, dass im Grunde annähernd jedes zweite Tier an der Erkrankung leidet.

Kommt jetzt auch noch der Tierarzt und möchte sofort eine Immunisierung durchführen, ohne entsprechende Tests durchgeführt zu haben, dann sind sie »zahlendes Mitglied« geworden.

Korrekt wäre, in diesem Fall ein genaues Verhaltens-Tagebuch von ihnen zu erbitten, welches bei Diagnosestellung hilfreich ist. Erst *dann* werden begleitende Maßnahmen eingeleitet.

Bitte bleiben sie als Tierhalter wachsam! Auch Veterinäre sind keine Halbgötter in Weiß und ... sie sind nur so helfend, wie die Informationen, die der Patientenbesitzer als Steilvorlage liefert.

Gewöhnen sie sich an, für den Welpen ein kleines Tagebuch zu führen, in dem sie Auffälligkeiten und Besonderheiten rund um Gesundheit, Ernährung, Bewegung und das Verhalten notieren.

Kommt es zu einem überraschenden Arztbesuch oder einer unerklärlichen Verhaltensauffälligkeit, werden sie in der Aufregung vermutlich einige Dinge vergessen, oder übersehen.

Das kleine Tagebuch dient dann als Gedächtnis-Stütze und als Möglichkeit, Rückgriff auf prägnante Informationen nehmen zu können.

Ein wunderbarer Nebeneffekt? Später haben sie mit den Aufzeichnungen Erinnerungen an ihren kleinen Liebling, die sonst vermutlich »verschüttet« gegangen wären.

Sozialisierung auf den Halter oder ... was erlaube ich und was nicht

Noch vor wenigen Jahren wurde uns Hundehaltern immer wieder gern das Rudelverhalten gepredigt und die Geschichte von der Dominanz. Die Erziehung richtete sich nach diesen beiden Grundbegriffen und prägte damit ein eher strikt reglementiertes Bild des Zusammenlebens.

Ein paar herrliche Weisheiten aus jener Zeiten waren:
- Der Hund geht niemals zuerst durch eine Tür.
- Das Tier liegt nie auf dem Sofa, also erhöht.
- Der Mensch isst grundsätzlich vor dem Tier.
- Der Hund wird stets als Letztes begrüßt.
- Der Hund darf nicht neben dem Esstisch liegen.
- Das Tier wird nie gestreichelt, wenn es darum durch Anstupsen bittet.
- Der Mensch ist immer und zu jeder Zeit der Chef des Rudels.
- Unerwünschtes Verhalten wird sofort konsequent bestraft - schärfstens.
- Der Hund hat nicht an exponierten Stellen (also z.B. im Bereich einer Tür) zu liegen.
- Das Tier muss schleunigst aufstehen, wenn es mir im Weg liegt.

Heute lächeln wir nur müde über diese Regeln.
Kynologische Forschungen zeigten einen anderen, einen neuartigen Weg. Die Entwicklung geht damit hin zu einer Partnerschaft, in der ein Mensch keinesfalls der Boss ist, sondern vielmehr ein verständnisvoller und verlässlicher Gefährte des Hundes.

Betrachten wir die Domestikation und die Prägung der Kaniden auf uns Menschen, so erblicken wir einen Weggefährten. Ein Wesen, mit dem wir alles geteilt haben und ein eher partnerschaftliches Verhältnis pflegten. Das führte dazu, dass die Vierbeiner heute das

59

sind, *was* sie sind: Mitglieder der Familien, Begleiter und irgendwie auch ... Freunde.

Entrümpeln wir die oben genannten Erziehungsansätze aus der Vergangenheit.

Rudel? Drei Bezeichnungen finden wir auf der Suche nach der Worterklärung. Sie kennzeichnen zusammenfassend ein Rudel als einen Verband von wild lebenden Säugetieren gleicher Art, in einer individualisierten und geschlossenen Gruppe in Form einer Großfamilie.

Wie kann der Mensch dann das Zusammenleben mit seinem Hund (nur einem) als Rudelgemeinschaft bezeichnen?

Wir sind nicht von gleicher *Art*, sehen wir von der Tatsache ab, dass wir alle Säuger sind. Wild leben? Es mag auf manche Mitbürger zutreffen. In der Regel ist unser Leben jedoch eher geordnet.

Wir können das Rudel also getrost zu den Akten legen. Anders sieht es aus, wenn wir zwei Hunde oder mehr halten. Verwandt müssen die Tiere nicht zwingend sein, um einen Verband darzustellen, solange die weiteren Komponenten des Rudelbegriffs erfüllt sind. D e r wird wahrhaftig durch Rudelstrukturen und auch durch eine Form der regulären, natürlichen kaniden Dominanz geregelt - jedoch ausschließlich innerhalb der Vierbeiner und innerhalb sehr enger Grenzen.

Lange haben Hunde erkannt, dass sie vom Menschen abhängig sind und ... dass sie einer anderen *Art* entspringen. Ein Kampf um den Chefsessel findet zwischen Vier- und Zweibeiner demzufolge nicht statt!

Unsere Vierbeiner sind Egoisten und Opportunisten. Sie sind sich durchaus darüber im Klaren, wer für Futter sorgt, Zuwendung verteilt und für ein sicheres und warmes Zuhause die Verantwortung trägt. *DER* Mensch, der ihnen das anbietet, der wird automatisch »geliebt« und bei dem sind die Tiere gern und fühlen sich geborgen und wohl.

60

Jeder künftige Welpenbesitzer wird sich im Vorfeld darüber Gedanken machen, wie er sich das Zusammenleben mit dem kommenden Familienmitglied auf vier Pfoten vorstellt.

Gesellschaftliche Normen und Regeln erwarten von uns, dass ein Tier so erzogen ist, andere Menschen nicht zu behelligen, sich sozialkompatibel zu verhalten und unauffällig zu sein.

Gründe, die in weiten Bereichen nachvollziehbar und logisch sind. Aber ... wie sieht es bei uns daheim aus? Was kann und darf ich erlauben, was ist *normal* und wo beginne ich, meinen Hund erzieherisch völlig aus dem Ruder laufen zu lassen?

Dazu müssen wir uns Gedanken darüber machen, *wie* Vierbeiner lernen. Nämlich: Situationsbezogen und *nicht* generalisiert. Was bedeutet das?

Wir schauen auf ein menschliches Kind, das versehentlich auf eine heiße Herdplatte fasst. Das Menschlein lernt daraus: *Alle* Herdplatten können mir die Hand verbrennen - egal, in welcher Küche sie zu finden sind. Es wird künftig auch bei Oma, Tante Bärbel und der Nachbarin Frau Müller nicht mehr einfach auf den Elektroherd fassen, ohne vorher zu probieren, ob er eingeschaltet ist.

Das Kind hat »generalisiert« gelernt!

Unser Hund? Lernt ohne Probleme, dass er daheim auf keinen Fall auf das Sofa hüpfen darf. Ohne Scheu wird er es aber bei jedem Besuch in einem anderen Haushalt probieren. Er hat *situationsbedingt* gelernt: Zuhause ist das Sofa tabu - bei Tante Uschi nicht!

Situationsbedingtes Lernen zeigt sich auch darin, dass unser Welpe auf dem Hundeplatz ausgezeichnet gehorcht, außerhalb des Platzes jedoch nicht zwangsläufig auch.

Wir erkennen daraus, dass der vierbeinige Zwerg im Grunde *alles* vielfach üben muss. Verschiedene Orte und Gegebenheiten. Laufen auf dem Land täglich und in der Stadt als Ausnahme (oder umgekehrt). Daheim auf dem Sofa liegen und chillen, bei Tante Jutta aber niemals.

Weiß man als Welpenbesitzer um die Art der Lernfähigkeit, darf man zuhause getrost erlauben, was allen Beteiligten gefällt und dem sozialen Gefüge guttut.

Ich persönlich möchte nicht darauf verzichten, abends mit einem der Hunde auf der Couch zu kuscheln. Dem Tier vermittelt dieses *Kontaktliegen* das Empfinden für Zusammengehörigkeit und Schutz und mir schafft es (neben warmen Füßen im Winter) ein Gefühl der Verbundenheit mit dem Tier.

Die Hunde liegen auch gern einmal mitten im Weg. Es macht mir kein Stück aus, über sie hinweg zu steigen. Wenn ich sie jedoch darum bitte, beiseite zu gehen, tun sie dies sofort und willig. Und ... warum sollten die Vierbeiner nicht zuerst durch eine Tür laufen? Kratzt das an meinem vermeintlichen Chefsessel? Eher nein! Das einfache Kommando »wartet« reicht völlig aus sie zu bremsen, wenn es notwendig erscheint.

Der *exponierte* Platz mit Blick auf irgendwelche Eingänge, sei es die Haustür oder nur der Durchgang zur Küche? WIE könnte der Hund dominant sein, nur weil er dort liegt und schaut, was sich im Umfeld abspielt?

Bei Tisch liegen? Okay - das ist eine rein persönliche Befindlichkeit. Mich stören die Vierbeiner dort kein Stück, aber wer es nicht mag, gewöhnt ihm an, auf seinen Platz zu gehen oder 2 m vom Essplatz entfernt abzuliegen.

Die Sache mit den Mahlzeiten? Grundsätzlich füttern wir die eigenen Hunde vor unseren Essenszeiten ab. Kaum etwas ist übler, als ein hungriger Vierbeiner, der den Esstisch wie ein Satellit umkreist (Labradore ausgenommen - sie kreisen immer).

Ethologisch ist es nicht nachvollziehbar, warum der Mensch als erstes sein Essen einnehmen soll. Die Sache mit der Dominanz ist bereits geklärt und so gibt es keinen triftigen Grund, den Hund nachrangig zu füttern.

Anders schaut es aus in der Reihenfolge, die die Vierbeiner bei der Fütterung einhalten. Dabei berücksichtige ich grundsätzlich die »innerbetrieblichen« Strukturen. Erwachsen frisst vor Zwerg.

62

Futterneid gibt es bei uns nicht. Alle Tiere fressen unter Umständen gleichzeitig, jedoch an getrennten Plätzen.

Was sie also dem Welpen daheim erlauben, liegt einzig in ihrer persönlichen Entscheidung!

Ein paar grundsätzliche Dinge sind zu beachten.
- Bereits der Zwerg lernt, dass man Besucher weder anspringt, noch umrennt.
- Gäste und damit der Klang der Türglocke werden nicht lauthals bellend angekündigt.
- Auch wenn es auf der Couch einmalig bequem ist, gehören die Plätze dort vorrangigdenMenschen. Motzt der Vierbeiner, wird er des Sofas verwiesen.
- Es werden keinerlei Gegenstände von Tischen geholt - Tabuzonen müssen akzeptiert sein.
- Entscheidungen über Spielzeiten und deren Dauer treffen nur sie als Hundehalter.
- Ruhezeiten sind wesentlich und deren Länge legen Herrchen/ Frauchen fest.
- Es werden keine Dinge zerstört, angekaut und/oder gefressen, die dazu nicht geeignet sind. (»Nicht geeignet« aus Sicht des Zweibeiners versteht sich ...)

Im Wandel der Zeit ist der Umgang mit den Haushunden einer elementaren Wandlung unterlegen. Im gemeinsamen Miteinander herrscht kaum mehr das Extrem des »Master and Servant« Prinzips. Also: Herr und Diener. Vielmehr kristallisierte sich eine partnerschaftliche Zweckgemeinschaft heraus.

Auch heute haben noch immer viele Hunderassen einen eigenen Arbeitsbereich wie zum Beispiel die Hütehunde der Schäfer, Jagdhunde, Herdenschutzhunde, Schutz- und Suchhunde.
Die Masse der Tiere führt jedoch ein mehr oder minder bequemes Familienleben ohne einen geregelten Arbeitsalltag.

Für Otto-Normal-Familienhund und seine Menschen gilt es also, eine Form des Zusammenlebens zu schaffen, bei dem beide betroffene Parteien zufrieden sind und das gemeinsame Leben genießen.

Mancher Hundehalter hasst Haare auf dem heimischen Sofa und verbannt den Vierbeiner deswegen in das eigene Körbchen. Das ist akzeptabel und keinesfalls tierschutzrelevant. Auch im Bett mit dem Hund schlafen findet nicht überall ungeteilten Zuspruch.

Ein Schenkellieger mit bettelndem Blick bei Tisch und Sabberfäden an den Lefzen? Auch das ist keineswegs jedermanns Geschmack und fällt damit unter die Rubrik »persönliche Einstellung«.

Wesentlich ist bei allen Punkten nur, dass es nach heutiger wissenschaftlicher Sicht keinen plausiblen Grund gibt, einem Hund genau diese Dinge zwingend zu verbieten.

Lassen sie sich nicht durch die unzähligen einschlägigen Hundeforen und Gruppen in Netzwerken beeinflussen. Nur *sie selbst* entscheiden, was für sie machbar, angenehm und akzeptabel im Zusammenleben mit ihrem Vierbeiner ist.

Und ... bitte nie vergessen! Hunde lernen situationsbezogen!

Darf Bello daheim bei Tisch sitzen und mit gierigen Augen auf ihren Teller starren, tut er es im Restaurant auch, wenn man es ihm nicht dort anders beibringt.

Ein Hotelbesitzer findet es in aller Regel keinesfalls prickelnd, wenn sie in trauter Gemeinsamkeit mit ihrem Bello in einem Bett geschlafen haben.

Glauben sie mir: Der Zimmerservice erkennt das sofort.

Es scheint, dass die Erziehung unendlich viele Punkte umfasst, da der Welpe in sämtlichen Bereichen alles separat lernen muss - daheim und woanders. Auf dem Land und in der Stadt. Auf dem Hundeplatz und außerhalb dessen.

Nein! Es ist keine endlose Aufgabe. Konsequent auf jede neuartige Situation geachtet und den Zwerg unverzüglich auf den korrekten Weg geschickt (mit Geduld und Ruhe), ist es erzieherisch weder eine sonderlich umfangreiche Arbeit, noch eine außergewöhnliche

Mühe. Die Erziehung in den normalen Tagesablauf zu integrieren, ist einzig eine Sache der Routine und Gewöhnung.

Bei der Entscheidung was sie erlauben und was nicht, da sind sie ausnahmsweise de facto der Boss!

Bitte texten sie den Hund nicht zu...

Immer wieder höre ich, wie Menschen ihren Vierbeiner nach allen Regeln der Kunst »zutexten« und dabei stellen sich mir die Nackenhaare auf.

Sätze wie »nun geht doch mal spieli, spieli mit dem netten Hund dort drüben machen«, oder die Hundehalterin, die ihrem Labrador das Schwimmen mit den Worten »Nun mach doch mal plantschi-plantschi!« schmackhaft reden will.

Innerlich schreit alles ein durchgängiges und lautes neeeeeiiin, wenn ich solcherlei mitbekomme.

In der Folge wird dem Hund verbal ausführlich erklärt, warum ausgerechnet jetzt dieses oder jenes Verhalten angebracht wäre.

Der Hund sitzt mit verständnislosem Blick und staunt den Halter an, ohne zu reagieren.

Machen wir ein kurzes Experiment...

Blablablablablablablablablablablablabla blablablablablablablabla blala blableib blala blablala blabla

Und? Hatten sie Lust den Satz zu lesen? Und haben sie sofort das Kommando entdeckt, das sich darin versteckt hat?

Prima! Wenn nicht, dann lesen, beziehungsweise analysieren sie den Satz jetzt bitte nochmals genau.

Sehen sie! Und *so* geht es dem Welpen auch!

Hunde sind keinesfalls unintelligent. Sie filtern Wichtiges von Unwichtigem. Bei viel Wischiwaschi können sie das nicht mehr. Der Sprachschatz eines Vierbeiners entspricht etwa dem eines 2-3 jährigen Kindes.

Gerade ein Welpe sollte früh lernen, sich an der Stimme und den Worten des Halters zu orientieren. Vorrangig im ersten Lebensjahr lernt das Hündchen zahllose Dinge und je besser es uns versteht, desto erfolgreicher ist die Erziehung.

Auch ich ertappe mich gelegentlich dabei, dass ich leise und sanft mit unseren Hunden spreche und ihnen Dinge sage, die für sie unverständlich sind.

Diese Monologe finden jedoch *nicht* in der Erziehung statt, sondern beim abendlichen Liegen auf dem Sofa, oder dem Schmusen während des Tages.

»Sweet Nothing« (süße Nichtigkeiten) und damit nur dazu angetan, meine Zuneigung zu äußern und eine Atmosphäre des Wohlbehagens zu forcieren. Die Hunde lassen sich dabei schlicht vom Klang der Stimme einlullen und genießen das Gefühl von Intimität und Gemeinschaft.

Vierbeiner brauchen klare Regeln und Strukturen für ein geordnetes, geregeltes Miteinander. Um *sie* zu schaffen, bleiben uns als Mensch die Stimme und unsere eigene Körpersprache.

Die Stimme kann je nach Einsatz: Lob, Liebe, Waffe, Ordnungshüter und Kommandant sein.

Einen Welpen animieren wir mit hoher Stimmlage zu Höchstleistungen. Der erwachsene Hund? Verzeihung, aber der fühlt sich bei dieser Tonlage eher *verarscht*.

Er verknüpft mit einer hellen Stimme nur, dass er nicht für voll genommen wird und ... reagiert in keiner Weise. Also: Ein feines Stimmchen gebührt dem Kleinchen, nie aber dem ausgewachsenen Vierbeiner.

In der Erziehung macht »der Ton die Musik« und das ist keinesfalls als Phrase gemeint, sondern in des Wortes reinstem Sinn.

Ein Beispiel aus dem Bereich der vielen Worte, wo ausnahmsweise ein Zweck erfüllt wird, ist Folgendes: Ihr Welpe stöbert auf einem Acker versonnen in einem Mauseloch. Sie wollen ihn rufen und legen los.

»Bruuuuunoooo!«

Was tut ihr Hund? Er schaut hoch in ihre Richtung und ... buddelt weiter nach der Maus.

Warum kommt Bruno nicht? *Das* ist logisch! Er hört seinen Namen und schenkt ihnen Aufmerksamkeit. Das ist eine einwandfreie Aktion und mehr steht auf keinen Fall zu erwarten.

Hätten sie gerufen: »Bruuuuunoooo! Zu mir! «, wäre er gekommen.

Der Hund verknüpft den Ruf ausschließlich seines Namens damit, dass er ihnen Beachtung schenken soll. Ein Blick reicht da vollkommen aus, um dem nachzukommen.

Koppelt man jedoch einen knappen Befehl an den Namen, versteht das Tier, dass hier eine Anordnung zu befolgen ist.

Manche Hundehalter beginnen just in diesem Moment zu *texten*. Dem bemitleidenswerten Hund wird dann an den Kopf geworfen, er möge bitte herkommen. Sofort. Herrchen ist bereits daheim und Frauchen muss das Abendessen kochen, außerdem kommen später auch noch Gäste.

Bruno versteht nur Bahnhof! Zu ihnen laufen (womöglich sogar freudig), wird er auf keinen Fall.

Die Macht der Sprache und des jeweilig speziellen Ausdrucks muss uns im Zusammenhang mit der Erziehung eines Welpen stets klar sein!

Hunde kennen die Bedeutung einzelner Wörter nicht. Sie lernen jedoch, zu verknüpfen. Der Zwerg, der (immer wenn er sich setzt), den Begriff »sitz« hört, der verknüpft: Diese Aussage von Herrchen/ Frauchen bedeutet, dass ich mich hinsetzen soll.

Welpenbesitzer, die mit hoher Stimme sowohl das Kommando sprechen, als auch loben, erzielen fixe Erfolge.

»Feeeeiiiin sitz gemacht!«

Eine knappe und für den Hund verständliche Aussage. Die freudige und ruhige Stimmlage unterstützt den Lerneffekt.

Neben dem eher komprimierten Sprachstil, spielen in der Erziehung des Winzlings auch die Lautstärke der Ansprache und die innere menschliche Verfassung eine Rolle.

Sind wir ungeduldig, weil wir möglicherweise unter Stress oder Zeitdruck stehen, sprechen wir lauter und der Tonfall spiegelt die Befindlichkeit für den Hund deutlich wieder. Wir selbst nehmen das nicht bewusst wahr. Unser Vierbeiner allemal.

Das menschliche Verhalten hat in dem Moment einen klaren Effekt: Der Hund gehorcht kein Stück und verlangsamt die eigenen Bewegungen noch dazu.

Was wir in diesem Augenblick als ungehorsam und bummelig empfinden, ist eine artgerecht hündische Erwiderung des Tieres. Es *entschleunigt* uns durch sein Benehmen, als wolle er sagen »Keep cool« - alles ist in Ordnung.

Erst wenn wir beginnen, unsere eigenen Außenwirkungen verbal und körperlich auf den Hund zu kontrollieren und im Gegenzug Lautäußerung und Körpersprache des Vierbeiners korrekt zu deuten, sind wir auf dem Weg zu einem tiefen Verstehen und einer Partnerschaft voller Vertrauen.

Die Lautstärke und Tonlage der Sprache haben noch in weiteren Bereichen Auswirkungen auf das Verhalten des Welpen.

Ihr Hund hörte viele, viele Male besser als sie. Schreien ist unnötig! Wer schreit, ist im Unrecht, oder ... unsicher und genau *das* empfindet ihr Tier! Fazit: Je lauter sie sind, desto weniger gehorcht es.

Im Gegenzug macht menschliches Flüstern eine Sache hochinteressant und weckt automatisch Interesse auf Aufmerksamkeit. Sprechen sie also leise mit dem Hund und in eindringlicher Tonlage, ist ihnen die ungeteilte Beachtung des Welpen gewiss.

Vierbeinige Zwerge unterscheiden sich da nicht gravierend von Kindern. Tuscheln Eltern im Flüsterton miteinander, wachsen die Ohren der Kids auf Rhabarberblatt-Größe an.

Ist ein Welpe arg unaufmerksam, führe ich gern das »Oh« und »Ah« Spiel auf. Ich hocke mich währenddessen auf eine weitläufige Wiese,

70

oder ein Feld. Dabei beobachte ich offenbar etwas am Boden und rufe leise »oh« und »ah«.

Es dauert keine zwei Minuten und die Hundenase ist neben mir und in Teamwork suchen wir den Grund ab (auf dem ich vorher ein paar Leckerchen verstreut habe). Die Aufmerksamkeit gehört mir!

Stimme puscht, oder besänftigt. Ein eher quirliger Welpe wird durch eine helle Stimmlage deutlich eher gepusht und mit verhalteneren Tönen in tieferer Tonart eher ausgeglichener gehalten.

Ein Welpe, auf den permanent eingeredet wird, der verliert mit der Zeit das Interesse am Halter. Er filtert keine Kommandos mehr aus dem Wirrwarr der Sätze, wird unachtsam und geht eigene Wege.

Hunde *erkennen* also nicht Worte, sondern verknüpfen sie. Aufforderungen und Befehle sollten einprägsam und kurz sein.

Ein berühmter amerikanischer Hundeflüsterer »zischt« die Tiere gern an, um sich Gehör uns Respekt zu verschaffen. Auf diese Weise ist das erzieherisch unkorrekt, im Grundansatz jedoch auch keinesfalls gänzlich falsch.

Prägnant kurze und leicht gezischte Laute kann der Welpe sich merken. Hier einige Beispiele:

Sitzzzz

Platzzz

Lasssss es

Im Gegenzug bemühen wir uns um faktisch kurze Worte, um Kommandos zu geben:

Hier

Komm

Bleib

Steh

No

Zur positiven Verstärkung wiederum wählen wir lang gezogene Töne:

Feiiiiin

Braaaaaav

Suuuuuper

Sie sehen: Man kann mit der Stimme in der Erziehung *spielen* und erreicht nur durch die Betonung und Modulation unterschiedliche Effekte beim Welpen.

Von der Natur her bevorzugen Hunde Ansprache nicht so extrem, wie wir es lange in der Kynologie vermutet haben. Im Grunde sind sie eher wie Menschenmänner geartet: Mit wenigen Worten ist alles Wesentliche gesagt.

Dennoch ist es aus meiner Sicht bedeutsam und erforderlich, mit dem Welpen sprachlich zu kommunizieren. Letztlich lernt er aus der Ansprache die Tonlagen und Stimmungen von uns kennen und einschätzen. Das Maß und die Tonart stehen für den Erfolg.

Ein altes Sprichwort besagt: *Wie der Herr, so das Gescherr.* Soll in unserem Fall heißen: Wie der Herr, so der Hund.

Die Beobachtung kann man häufig machen: Redselige Menschen - mit einem eher quirligen Charakter - haben ebensolche Hunde. Sehr ausgeglichene und besonnene Halter haben eher entspannte und aufmerksame Vierbeiner.

Bitte bedenken sie diesen Umstand, wenn in ihrem Haushalt kleine, lebhafte Kinder leben. Ihr Welpe braucht Auszeiten, in denen er Ruhe tanken kann. Unangetastet und ungestört.

Kids sind großartig, aber ihr oft pausenloses Geplapper, Geschrei und Toben sind für den winzigen Hund eine gewaltige und anstrengende Herausforderung. Versucht doch das Hündchen, aus den vielen Worten herauszufiltern, wovon es möglicherweise betroffen ist.

Prasselnde Maschinengewehrsalven aus Kindermündchen haben den Effekt, dass der Welpe schließlich gedanklich abschaltet und nur schwer wieder - im Umgang mit ihnen - konzentriert und aufmerksam bei der Sache ist.

72

Fazit: Texten sie ihren Welpen nicht ohne Pause zu. Beschränken sie sich auf prägnante Aussagen und Kommandos. Sorgen sie dafür, dass der Zwerg »Hörpausen« bekommt, wenn Kinder im Haushalt leben. Setzen Sie Worte gezielt in Tonlage und Lautstärke ein. In Ruhezeiten und bei Schmuseeinheiten reden sie leise und sanft mit dem Tierchen, damit es sich mit dem Klang ihrer Stimme vertraut machen kann, und lernt, ihre Stimmungen aufzunehmen.

Kontrollieren sie die eigene Körpersprache und die des Hundes. Folglich haben sie ein weiteres ausdrucksstarkes Kommunikationsmittel!

Vermenschlichung

Ich habe lange überlegt, ob ich diesem Themenbereich einen kompletten Punkt in einem Welpenführer zuweise, oder nicht.

Nach reiflicher Überlegung gelangte ich zu dem Schluss, dass wir das Thema zumindest ansatzweise und als *Denkanstoß* gemeinsam streifen sollten.

Oft wird uns Menschen vorgeworfen, wir würden das Tier zu massiv vermenschlichen. Also schauen wir uns den Begriff »Vermenschlichung« genauer an.

Befragen wir den Duden, Wikipedia, Wiktionary oder das Eisler Wörterbuch, stoßen wir immer auf den Überbegriff **Anthropomorphismus**.

Was ist das?

Anthropomorphismus kennzeichnet das Zusprechen und die Übertragung menschlicher Eigenschaften auf Tiere, Götter, Naturgewalten und Ähnliches.

Vereinfacht gesagt: Wir glauben, Hunde »ticken« genauso wie wir. Grundsätzlich halte ich das nicht für schlimm, oder verwerflich. Kritisch wird dieses Denken jedoch immer *dann*, wenn wir uns darüber hinwegsetzen, was arttypisch ist.

Es gab häufig Umfragen dazu, was Menschen als Vermenschlichung erachten. Wissenschaftliche Untersuchungen kann man zu dem Thema schwerlich anstellen, denn die Empfindung für diesen Bereich ist - aus meiner Sicht - einfach zu vielschichtig.

Hier ein paar Beispiele zur (vermeintlichen) Vermenschlichung bei Hunden:
- im Bett schlafen lassen
- auf dem Sofa liegen
- küssen und schmusen

- Kosenamen geben
- anziehen (Mäntelchen, Halstücher etc.)
- rücksichtsvoll behandeln/sanft erziehen
- bei Tisch füttern
- Tiere beerdigen und Grabpflege betreiben

Diese Reihe lässt sich im Grunde fast beliebig weit fortführen, würde uns der Typisierung und Bedeutung des Begriffs jedoch keinen Schritt entgegenführen.

Man darf jetzt über die Frage streiten, ob ein mit Mäntelchen bekleideter Hund noch *arttypisch* gehalten wird.

Bedenken wir, dass der Mensch allein für die Selektion zuständig ist, die zur Bildung der Rassen führte, dann müssen wir dem Mantel stattgeben.

Hätten wir keine Rassen gezüchtet, die bei Kälte frieren und nicht mehr über ein wärmendes Fell verfügen, entfielen Umhänge, Rückendecken und Mäntel.

Auf diese Weise lassen sich viele der vermeintlichen Vermenschlichungen entkräften.

Uns Menschen ist es zu Eigen, durch den Anthropomorphismus die Welt besser zu verstehen. Wir beten zu Gott, den wir niemals real zu Gesicht bekamen und Kinder sprechen mit Blumen, Bäumen und Vögeln und erkunden auf diese Weise ihre kleine Welt und ... erfassen sie.

Es scheint, dass Hunde das Plappern eines Kleinkindes begreifen und umgekehrt die Kleinen einen besonders engen Zugang zu den Vierbeinern haben.

Anthropomorphismus ist also grundsätzlich etwas Gutes - nur nicht immer in Bezug auf unsere Tiere.

Hier wird die Vermenschlichung zum Totschläger jeder noch so sachlich geführten Diskussion. Es scheint geraten, nur in intimen Kreisen den Austausch über Bettschläfer und Sofalieger zu führen. Rücksichtsvolle und gewaltlose Erziehung wird augenblicklich als Wattebäuschchen-Werfen bespöttelt und als nicht artgerecht belä-

76

chelt, da der Hund ja vermeintlich über keine eigene Gefühlswelt verfügt.

Lieber brandmarkt man jedes unerwünschte Verhalten des Tieres und versucht, sich den Vierbeiner zum Objekt persönlicher Ziele, Wünsche und manchmal menschlich unerreichter Träume zu machen.

Faktisch gefährlich wird Vermenschlichung in zwei Bereichen:

1) Wenn Hunde dem Zweck dienen, Erwartungshaltungen zu erfüllen, die der Halter für sich nicht realisieren konnte.

2) Wenn Hunde die aktive Rolle eines Partners, Kindes oder Seelentrösters übernehmen müssen

Auf Hundeplätzen und zunehmend in der sogenannten *Problemhundberatung* trifft man immer häufiger auf Halter, die sich über ihre Vierbeiner persönlich definieren.

Wir sehen den Hundebesitzer, der sich im realen Leben als wenig durchsetzungsfähig zeigt, auf dem Platz von seinem Tier jedoch absoluten Gehorsam fordert und die Qualitäten eines Schutzhundes für 100 Prozent erstrebenswert hält. Notfalls erzwungen mit Stachelwürger, und/oder Elektroschock-Halsband.

Wir treffen auf Menschen, die sich nie einer Herausforderung im Leben zu stellen vermochten, ihren Hund aber erbarmungslos durch jede nur machbare Prüfung in allen nur erdenkbaren Disziplinen schicken.

Bitte verstehen sie mich nicht falsch! Ich bin auf keinen Fall gegen Einsätze der Vierbeiner. Im Bereich der sozialen Fürsorge, der Rettungsarbeit und im Suchdienst. Bei Polizei und Zoll ist die Arbeit der Tiere unerlässlich, bedeutungsvoll und überaus sinnvoll.

Allerdings sehe ich hier klare Grenzen der Vermenschlichung. Arttypisch sind manche Formen der Tätigkeiten für Hunde nicht und darum ist es umso notwendiger, Begrenzungen zu ziehen.

Hundesport, Unterordnung, Fährtenarbeit und all diese Dinge sind für unsere Vierbeiner solange spaßig, wie sie nicht unter Zwang durchgeführt werden und ein Maß eingehalten wird, welches dem Tier keinen Stress verursacht.

Zu oft erlebt man Hunde, die bloß beim Anblick eines Hundeplatzes erbrechen und am liebsten flüchten würden.

Noch viel kritischer sehe ich Vermenschlichung im Bereich der persönlichen Beziehungen zwischen Mensch und Tier.

Ich bezeichne unsere eigenen Vierbeiner gern als »letzte Kinder und die haben Fell«. Dennoch ist immer eine Tatsache unumstößlich klar: Wir reden von Haustieren und *nicht* von realem Nachwuchs!

Es stimmt mich äußerst nachdenklich, dass ich in sozialer Netzwerken, in Foren und Communitys fortwährend Sätze lese, wie zum Beispiel »Mein Hund ist mein Leben - ohne ihn macht alles keinen Sinn für mich«.

Ist so eine Einstellung nicht eine Nummer zu groß für ein Tier?

Die Vierbeiner nehmen unsere Empfindungen, Gefühle und Stimmungen zu 100% auf und sie spiegeln diese Emotionen wieder.

Wie gewaltig ist die Verantwortung, die ich meinem Tier aufzwinge, wenn ich es durch zum Beispiel Trennung/Scheidung/Tod und Krankheit zum seelischen Mülleimer meiner Gemütslage mache?

Natürlich! Der Hund ist der beste Freund des Menschen. Aber ... Er ist ein Freund einer anderen Art.

Selbstverständlich ist er mit einem gewissen Maß an Grund-Empfindungen ausgestattet, aber nicht so differenziert, wie wir Zweibeiner. Und er ist in keiner Weise dazu da, unser Denken und Handeln beratend und verständnisvoll in Lebenskrisen zu unterstützen.

Indem wir die Hunde emotional überfordern, sie zur Profilierung eigener unerfüllter Lebensvorstellungen missbrauchen, vermenschlichen wir sie.

Wir nehmen den Tieren den letzten Rest ihrer Freiheit und das Recht darauf, arttypisch ein Hundeleben führen zu dürfen, welches angemessen in Beschäftigung und Lebensform als Begleiter des Menschen ist.

78

Ein Hund ist tröstlich und er spendet emotionale Wärme. Das geschieht jedoch unbewusst und nicht gezielt! Wir sollten ihn aber nie als persönlichen Therapeuten einsetzen, oder womöglich als adäquaten Ansprechpartner, von dem wir uns professionelle Hilfe erwarten.

Wenn sie ihren Welpen auf dem Arm haben, denken sie daran, dass dieses kleine Leben in ihren Händen liegt und nur *sie* die Verantwortung dafür tragen, dass ihr Tier einen glücklichen, sorgenfreien und unbelasteten Lebensweg haben wird. Es ist nicht umgekehrt!

Lassen sie es niemals zu, dass ihr eigenes Ego sich über den Vierbeiner definiert! Höchstleistungen vollbringt *der* Mensch, der für seinen Hund ein Freund ist, ein verlässlicher Partner, der nicht fordert und überfordert, sondern einzig Sorge dafür trägt, dass das Zusammensein fröhlich, unkompliziert und geprägt von Vertrauen verläuft.

Erste Spaziergänge und Eindrücke draußen

Schauen wir auf die ersten Mini-Spaziergänge mit dem Welpen. Noch ist für den Zwerg alles draußen fremd und bedrohlich. Die Neugier wird jedoch siegen und bald schon wird der Winzling seine Umwelt aktiv erkunden und unbekannte Menschen und Hunde fröhlich begrüßen wollen. Dabei gibt es einige Grundregeln zu beachten.

Zahlreiche enge Kontakte zu anderen Vierbeinern sollte man vor Abschluss der 12. Lebenswoche und damit des Vorhandenseins des kompletten Impfschutzes vermeiden. Allzu leicht stecken sich die Zwerge mit Krankheiten an, die im Welpenalter bedenklich, wenn nicht auch tödlich verlaufen können.

Früher wurde propagiert, dass Hunde nach Möglichkeit zahlreiche Kontakte zu Artgenossen haben sollen. Heute sieht man das deutlich differenzierter.

Hunde sind hochsoziale Lebewesen und benötigen den Zugang zu ihresgleichen. Jedoch nicht um jeden Preis und vor allem gerade anfangs immer nur kontrolliert durch den Halter. Wesentlich ist die Qualität der Begegnungen, weniger die Quantität.

Der Welpe wird keinen sozialen Nutzen daraus ziehen, bei einem der ersten Treffen von einem fremden Vierbeiner angepöbelt, gemaßregelt und mit Imponierverhalten bedacht zu werden. Nicht jeder erwachsene Hund ist begeistert von einem quirligen Zwerg auf gesellschaftlicher Erkundungstour.

Eine mies verlaufende Fremdbegegnung kann beim Welpen vor allem Angst hervorrufen und *die* ist grade in der ersten Zeit nur schwer wieder zu regulieren.

Welpenschutz? Der sicher am meisten missverstandene Begriff in der Erziehung. Welpenschutz gibt es wahrhaftig nur und ausschließlich innerhalb des eigenen Rudels.

In wilden Verbänden und Rudeln werden fremde Jungtiere zur Erhaltung des speziellen Rudels gnadenlos getötet.

Es ist also nicht weiter verwunderlich, wenn sie auf einem Spaziergang auf eine Hündin treffen, die aggressiv auf ihren Welpen zugeht. Dieses Tier ist keinesfalls unsozial, sondern verhält sich nachvollziehbar artgerecht.

Mit steigendem Alter reagieren Hündinnen oft entspannter auf einen Jungspund. Ein wachsames Auge hätte ich anfangs jedoch immer auf die Begegnungen und dabei auf die Körpersprache des fremden Tieres.

Achten sie auf ihren Instinkt und die eigene Beobachtungsgabe. Ihr Welpe sucht sich seine Freunde selbst aus - ihre Hilfe ist dabei nicht gefragt.

Wie im menschlichen Leben entscheiden auch beim Hund Sympathie und Antipathie über das Miteinander. Klein passt zu groß, wild zu eher ruhig und Labrador auch zu Chihuahua.

Wesentlich ist anfangs nur, dass der Zwerg auf keinen Fall von einem körperlich deutlich überlegenen Hund beim gemeinsamen Treffen niedergewalzt wird.

Was ein erwachsener Rottweiler im Spiel als »sanft« bezeichnen wird, ist für den Labrador-Welpen eine physische Katastrophe.

Hinterfragen sie also immer kritisch zwei Dinge: a) ob das andere Tier das Bedürfnis ihres Jungspundes nach Kontaktaufnahme positiv teilt und b) ob das Kraftverhältnis gewahrt werden kann, damit der Zwerg keinen Schaden nimmt.

Bitte nehmen sie den Winzling bei Begegnungen mit fremden Artgenossen keinesfalls auf den Arm!

Oft kann man dieses menschliche Verhalten bei Kleinhundebesitzern beobachten. Für das Tier ist damit einzig und allein eine Verknüpfung verbunden: Es droht Gefahr und Herrchen/Frauchen beschützt mich - ich pöbele dann über kurz oder lang aus geschützter Distanz von oben, da mir nichts passieren kann.

82

Die bessere Verteidigungs- und Schutzvariante ist es, sich zwischen den Welpen (hinter ihrem Rücken) und den fremden Hund zu stellen, also zu *splitten*. Dabei wird dem unbekannten Tier hundgerecht mitgeteilt, dass eine Zusammenkunft nicht erwünscht und geduldet ist.

Wesentlich indes ist zu jeder Zeit, dass ihr eigenes Tier deutlich merkt, dass sie ihm Schutz gewähren. Sie passen auf, dass ihm in keiner Weise etwas passieren kann.

Vertrauensbildende Maßnahmen zählen zu einem der erheblichen Faktoren in der frühen Sozialisierung des Welpen.

Labradore gehören zu den Hunderassen, die als extrem sozial und menschenbezogen gelten. Sie lassen sich gern anfassen, ausgiebig streicheln und suchen von sich aus aktiv den Kontakt zu Menschen.

Leider treffe ich auf mehr und mehr Welpenbesitzer, die den Standpunkt vertreten, nicht jeder Zweibeiner müsse den Hund auf der Straße tätscheln und ansprechen.

Warum? Geben sie dem Tier die Möglichkeit, viele fremde Personen kennenzulernen und deren Gerüche aufzunehmen.

Lassen sie den Welpen unterschiedliche Stimmen und deren Tonlagen erkunden - umso rascher wird er treffsicher ihre eigene Sprachfärbung herausfiltern können.

Gestatten sie, dass fremde Leute den Hund anfassen und streicheln. Sie werden dankbar sein, später kein handscheues Tier zu haben, was zuschnappt, weil es unsicher ist.

Maßgeblich indes ist es jedoch, auf die Einhaltung hündischer Etikette zu achten.

Lassen sie es nicht zu, dass unbekannte Menschen sich bedrohlich von oben über den Welpen beugen. Eine aus Hundesicht angemessene Begrüßung erfolgt von der Seite.

Fremde Zweibeiner sollten sich auf die Erde hocken und warten, bis der Zwerg von sich aus Kontakt aufnimmt. Gestreichelt werden dann Brust, Flanken und der Popo. Der Kopf des Tierchens ist eine Tabuzone, die dem Besitzer vorbehalten bleibt. In gewisser Weise der *Intimbereich* ihres Welpen.

Stellen sie sich als Frau vor, dass sie auf einer Party sind. Dort lernen sie einen netten und toll aussehenden Mann kennen. Würden sie ihm zur Begrüßung beherzt in den Schritt fassen? Eher nein, möchte ich annehmen. Genauso empfindet ein Hund die Berührung eines Fremden am Kopf - ein No-Go!

Übrigens: 80% der Beißvorfälle zwischen Kindern und Hunden passieren Mädchen im Alter von 3 bis 5 Jahren! Warum?

Mädchen tragen eine Art »Streichel-Gen« in sich. Eine innere Vorgabe zwingt die Kleinen regelrecht, alles anzufassen und zu liebkosen, was kuschelig und flauschig ist. Mutter Natur legt mit diesem Verhalten die Grundlage für späteres Mutterverhalten.

Ein Vierbeiner, der ungern angefasst wird und/oder aggressiv auf Berührungen reagiert, wird in dem Fall nach kurzer (und vom Kind nicht verstandener Warnung) zuschnappen!

Bitte bringen auch sie ihrem Nachwuchs bei, wie und wann man sich Hunden angemessen nähert und dass man fremde Tiere niemals ohne Einwilligung streicheln darf!

Bewegung und Ruhebedürfnis

HD (Hüftgelenkdysplasie) und ED (Ellenbogendysplasie) sind beim Labrador leider ein bedeutendes Thema.

Dachte man früher, die Erkrankungen kämen ausschließlich von Überbewegung, wissen wir heute, dass sie vielmehr Krankheiten mit epigenetischem Hintergrund sind.

Sie sind damit nicht nur durch Genetik vererbt worden, sondern können sich später entwickeln. Die Epigenese kennzeichnet dabei eine nachträgliche Entstehung.

HD und ED muss man im Konsens von falscher Bewegung, genetischer Disposition und fehlerhafter Ernährung sehen.

Bezüglich der Vererbung ist es erreichbar, durch umsichtige Auswahl der Zuchtstätte Vorsorge zu treffen. Sorgfältige Selektion der zu verkreuzenden Linien minimiert dabei deutlich das Auftreten der Gelenkerkrankungen.

Die Ernährung betreffend ist es machbar, dass sie als Halter auf gesundheitsbewußtes Futter für schnell wachsende Rassen und auf ein nicht übergewichtiges Erscheinungsbild Einfluss nehmen.

Das Vermeiden einer unkorrekten und zu hohen Bewegung des Welpen liegt in der Hand des Halters, und zwar ... nur dort!

Stark vereinfacht können wir uns das so vorstellen:

Beim Welpen besteht das Skelett noch nicht durchgehend aus Knochen. Vielmehr kann man es sich so denken, als würden feine Vorprodukte der künftigen festen Knochen frei im Körper *schweben* und wären noch nicht miteinander verbunden.

Das Skelett fügt sich aus einem weichen Knorpelgewebe zusammen. In der Zeit des Haupt-Wachstums (etwa bis zum Ende des ersten Lebensjahres) wird das Knorpelgewebe allmählich durch feste Knochen ersetzt. Erst diese Verknöcherung festigt und verbindet das komplette Skelettsystem kompakt und stabil.

85

Eine weitere Aufgabe des Verknöcherungsvorgangs ist es, in der Folge die Sauerstoffversorgung und die Ernährung von Knochen- und Knorpelzellen sicher zu stellen.

Knorpelgewebe ist in keiner Weise durchblutet und wird von dem umliegenden Gewebe ernährt.

Nach dem ersten Lebensjahr ist das Hauptwachstum abgeschlossen. Es ist jedoch nicht ungewöhnlich, dass der Hund im zweiten Lebensjahr noch ein paar wenige Zentimeter Größe nachlegt.

Aufgrund des oben beschriebenen und enorm komplexen Wachstumsablaufs der Knochen ist es verständlich, dass der Welpe in den ersten 12 Monaten äußerst sorgfältig bewegt werden *muss*, um Gelenk- und/oder Knorpelschäden zu vermeiden!

Eine einfache Faustformel ist die sogenannte »goldene 5-Minuten-Regel«.

Pro Lebensmonat des kleinen Tieres ist ein Spaziergang von 5 Minuten durchgängig gestattet. Am Ende des ersten Lebensjahres kann ihr Hund also eine Stunde am Stück laufen.

Bei dieser Gestaltung sprechen wir von zügigen Märschen und den üblichen Gassirunden.

Ausgenommen davon sind Spieleinheiten. Dabei werden Gelenke und Körperbau auf sehr unterschiedliche Weise beansprucht, die (wenn nicht mit größeren und schwereren Tieren getobt wird) in aller Regel und bei normalem Maß, das Skelett anders und weniger negativ belastet.

Der Welpe soll nach Möglichkeit im ersten Jahr keine Treppen steigen. Leider ist das nur kaum jederzeit problemlos umsetzbar.

Als Mensch können wir eine ebenso einfache, wie hilfreiche Lösung anbieten.

Man nimmt ein Badehandtuch und zieht es längsseits unter dem Bauch des Tieres hindurch. Auf diese Weise kann man Tragehilfe auf der Treppe leisten, indem man an den Enden des Tuches den Hund leicht anhebt und ihn damit entlastet.

3-4 Stufen sind kein Problem - komplette Etagentreppen jedoch

86

durchaus. Mitunter reicht es, eine Rampe zu bauen und dem Hund mittels dieser den Aufgang zu erleichtern.

Grundsätzlich ist es machbar, den Welpen bis etwa zum Ablauf des 5. Lebensmonats zu tragen.

Daheim sichern sie allen Treppenauf- und Abgänge mit Kindergittern, damit dem Zwerg ein unbeobachtetes Laufen dort unmöglich gemacht wird.

Auch das Springen ist problematisch für die Gelenke. Bitte achten sie auf diesen Punkt, wen es um das Ein- und Aussteigen beim Auto geht!

Gewöhnen sie dem Welpen frühzeitig an, brav im Auto sitzen zu bleiben und nicht einfach heraus zu hüpfen. Heben sie ihn rein und raus, oder benutzen sie eine spezielle Einstiegsrampe, die im Fachhandel erhältlich ist. Spätestens im Alter braucht das Tier dieses Hilfsmittel dann wieder.

Es ist also keine unnötige Anschaffung! Rampen kann man problemlos gebraucht in einschlägigen Kleinanzeigen-Portalen kaufen und auch wieder verkaufen.

Gern genommen zur scheinbaren Bespaßung sind Ballspiele, bei denen der Welpe endlos Bällchen holt und unter Umständen zum großen Stolz der Besitzer auch bereits zurückbringt.

Das, was dem Tierchen offenbar gewaltig Freude bereitet, ist für die Gelenke katastrophal schlecht. Jegliche Start-Stopp-Spiele beanspruchen Knochen und Gelenkverbindungen. Fehlstellungen und Anlagen zu HD/ED werden mit dieser Beschäftigung aktiv forciert! Bitte lassen sie den Welpen solo mit einem Ball spielen, vermeiden sie aber auf jeden Fall, einen frühen Ball-Junkie zu erziehen.

Apportierarbeit? Immer wieder für den Labrador propagiert und in der Tat eine prima Beschäftigung. Allerdings ... nicht sinnloses Werfen und Rückbringen des Apportels.

Informieren sie sich in den Fachgruppen des Deutschen Retriever Clubs (DRC), oder beim Labrador Club Deutschland (LCD) über geeignete Kurse und Veranstaltungen.

In den Verbänden werden entsprechende Aktivitäten angeboten, und zwar in der Form, dass dem Welpen kein körperlicher Schaden entsteht.

Reguläre Hundeschulen bieten solche Trainings auch an, sind jedoch oftmals mit der Rassedisposition zu HD/ED der Rasse leider nicht vertraut und arbeiten gesundheitlich *sorglos*!

Oft sehe ich, dass noch heranwachsende Tiere und sogar bereits Welpen am Fahrrad laufen. Schon die 5-Minuten-Regel der Bewegung spricht dagegen!

Ein Labrador sollte frühestens im Alter von einem Jahr - langsam- und nur auf kurzen Strecken- an das Laufen am Rad gewöhnt werden - wenn überhaupt. Die Rasse an sich ist nicht besonders geeignet für diese Form der Betätigung. Was für einen Husky eine ideale Form des Auslaufs ist (er möchte viel laufen), ist für Labbis uninteressant. Sie ziehen einen Spaziergang mit Schnüffeleinlagen deutlich vor.

Möglicherweise halten sie die Ratschläge für übertrieben?

Spätestens, wenn sie beim Kontrollröntgen der Gelenke (mit gut einem Jahr) keine auffallenden Befunde erhalten, werden sie dankbar sein.

HD und ED sind Schreckgespenster bei den Hunden. Die Behandlung ist äußerst schwierig, teilweise kaum umsetzbar und das Tier leidet ein komplettes Hundeleben unter Schmerzen und Einschränkungen des natürlichen Alltags.

Die Mühe der Schonzeit in den ersten 12 Lebensmonaten lohnt sich und zahlt sich finanziell in barer Münze aus. Behandlungen von Gelenkerkrankungen bei Hunden sind langwierig und extrem kostenintensiv.

Und ... vorrangig denken wir an das Wohl des Vierbeiners.

Das erste Lebensjahr des Welpen ist nicht nur gekennzeichnet von der körperlichen Schonung im Bereich der Bewegungen, sondern auch von notwendigen Ruhezeiten.

88

Auch wenn wir es oftmals kaum glauben können, so benötigt der Hund lange Ruhephasen. Normal sind 18 bis 20 Stunden am Tag, in denen das Tier döst, schläft, beobachtet und entspannt.

Der Welpe ist ein Baby. In den Auszeiten verarbeitet sein Gehirn Geschehnisse, Erlebnisse und Eindrücke des Tagesablaufs.

Ein stilles Plätzchen, ungestört und friedlich, hilft beim Relaxen. Gern wird dazu der Zimmerkennel genutzt, oder ein Körbchen in einer geschützten Ecke *des* Raumes, in dem auch sie sich vorrangig aufhalten.

Während dieser Phasen sollte der Hund de facto auch Ruhe haben! Lassen sie den Welpen völlig in Frieden und achten sie bitte auch darauf, dass Kinder Abstand halten und akzeptieren, dass der kleine Gefährte sich ausruhen muss.

Unzureichende Ruhephasen verursachen beim Vierbeiner Stress und letztendlich gesundheitliche Folgen, mit denen ich mich in einem gesonderten Kapitel beschäftigen werde.

Außerdem: Ein unausgeschlafener Welpe ist unkonzentriert und lernt schwer. Und: Er sollte lernen, Auszeiten zu akzeptieren. Hat er das begriffen, dann steht auch ihnen nichts mehr im Wege, wenn sie einmal bei Regenwetter eine gemütliche Zeit mit einem Buch auf der Couch verbringen möchten.

Ich ahne, dass ich für dieses Kapitel Stirnrunzeln ernten werde. Bei unserer ersten Labrador-Hündin fand ich die Maßnahmen auch eher lächerlich, befolgte sie jedoch auf dringendes Anraten der Züchterin. Kara hatte bis in's hohe Alter keine Gelenkprobleme.

Nach den zahlreichen Jahren mit der herrlichen Rasse weiß ich, dass die einzig wirkungsvolle Präventivmaßnahme gegen HD/ED, sowie OCD eine sorgfältige Aufzucht des Welpen ist.

Was ist schon ein Jahr der Wachsamkeit, wenn anschließend viele gesunde und schmerzfreie Hundelebensjahre folgen werden?

Der Folgetrieb

Leider höre ich in der heutigen Zeit diesen Begriff viel zu selten.

Scheinbar sind sich Welpenbesitzer nicht mehr bewusst, dass es sich dabei um eine wunderbare Einrichtung der Natur handelt, die uns zeigt, wie es um unser Verhältnis zum Hund bestellt ist und auch einen hilfreichen Lernansatz bietet.

Der Folgetrieb wird durch einen gut geprägten Welpen deutlich demonstriert. Der Zwerg folgt ihnen auf Schritt und Tritt.

Anfangs sogar im Wohnbereich und Garten, wird das Kleinchen sich dort nach einer Weile frei bewegen und nicht mehr an ihre Fersen geheftet sein.

Mit jedem Tag, der mehr Unabhängigkeit und Sicherheit beschert, wird sich ihr Hund ein Stückchen mehr in gewohnter Umgebung von ihnen entfernen.

Auf den am Anfang kurzen Spaziergängen folgt ihnen der Welpe, ohne dass eine Leine nötig ist. Nutzen sie diesen Umstand aus und geben sie dem Winzling die Freiheit. Die Zeit der Leine kommt rasch genug und auf *sicheren* und *überschaubaren* Wegen darf der Kleine hinter ihnen herlaufen, ohne unter Leinenzwang zu stehen.

Warum gibt es den Folgetrieb?

In freier Wildbahn ist ein Welpe ohne den Schutz der Mutter oder eines Rudels (Verbandes) verloren. Alleinsein bedeutet den gesicherten Tod.

Sie als Mensch haben die Beschützerrolle übernommen. Als Partner für den Winzling bieten sie Sicherheit, Schutz und Geborgenheit, die das Tier aufgrund des Alters und der Erfahrung noch nicht selbst für sich übernehmen kann.

Auf dieser Basis entsteht der Grundstein für eine enge Bindung und einen wesentlich Bezug zum Hundehalter.

Etwa bis in den 5. Lebensmonat hält der Folgetrieb ungebrochen an - also über das Welpenalter hinaus, welches rechnerisch mit Ablauf der 16. Woche endet.

Viele Jungspunde behalten das Verhalten jedoch länger bei. Es besteht eine Abhängigkeit zur Selbstständigkeit, dem Charakter und den Erfahrungen des bisherigen Hundelebens. Eher unsichere Tiere können die Anhänglichkeit des Folgetriebes auch deutlich langfristiger zeigen - zuweilen bis über das erste Lebensjahr hinaus.

Für uns Halter bietet der Folgetrieb die Möglichkeit, frühzeitig die Schienen für die weitere Erziehung zu stellen.

Der Welpe lernt, sich am menschlichen Tempo zu orientieren und aufmerksam zu verfolgen, was wir tun und wohin wir gehen. Durch Blickkontakt zwischen Mensch und Hund wird Bindung aufgebaut und das Tier erkennt durch unser Interesse, dass Spaziergänge *gemeinsame* Unternehmungen sind, bei denen keiner der Beteiligten eigene Wege geht.

Bitte achten sie jedoch darauf, das Tempo vorzugeben, und warten sie nicht auf einen bummeligen Welpen. Nur so lernt ihr Tier, aufmerksam zu bleiben und sich an ihnen zu orientieren.

Ignoranz von uns Menschen würde die Bindungsarbeit dabei komplett zunichtemachen. Bauen sie immer wieder den Augenkontakt zum Hundekind auf und erwidern sie dessen visuelle Kontaktaufnahme zu ihnen.

Es gibt Spiele, die man in dieser Zeit gemeinsam herrlich veranstalten kann.

Haben sie stets ein kleines Bällchen oder ein Lieblingsspielzeug des Welpen in der Tasche. Ist der Zwerg scheinbar unkonzentriert (wobei die Winzlinge selbst beim Schnüffeln immer nach oben linsen wo *sie* sind), rufen sie den Hund und laufen sie mit dem Ball/Spielzeug ein kurzes Stück voraus. Ihr Hund wird ihnen flott nachrennen und bekommt dann das Teil aus Frauchens/Herrchens Händen.

Lernerfolg? Meinem Menschen zu folgen lohnt sich, denn es wartet eine Belohnung bei Aufmerksamkeit.

92

Entgegen gelegentlicher wissenschaftlicher Meinung ist der Folgetrieb jedoch nicht kennzeichnend für eine dauerhafte und verlässliche Abrufbarkeit. Ein solider Grundstein ist er aber in jedem Fall.

Zeigt ihr Welpe keinen (oder nur unzulänglichen) Folgetrieb, sind sie als Halter in der Verantwortung. Sicher muss man dann sagen, dass etwas in der Prägephase und/oder der Erziehung suboptimal gelaufen ist.

War die bisherige Umgebung der Spaziergänge so, dass das Hündchen ihnen nach Möglichkeit ablenkungsfrei folgen konnte?

Hat ihr Tier unangenehme Erfahrungen gemacht und sie innerhalb dieser nicht als eingreifenden Partner wahrgenommen?

In so einem Fall würde ich zu einem versierten Trainer spätestens am Ende des ersten Lebensjahres raten. Eine umzusetzende genaue Analyse des hündischen Verhaltens wird Aufschluss darüber geben, wo einzugreifen, und zu korrigieren ist - bei Hund und ... Halter.

Das Sozialprogramm

Auf den Welpen wartet eine aufregende und spannende Welt. Damit er sich in dieser Welt verlässlich und entspannt bewegt und auch in ungewohnten Situationen gelassen und zugänglich bleibt, ist es notwendig, ihn entsprechend vorzubereiten.

Als Halter beginnen wir bereits von Anfang an mit einem recht umfangreichen Sozialprogramm, um unser Tier auf möglichst viele Situationen, Reizeinflüsse und Umgebungen einzustellen.

Nach einer Eingewöhnungsphase daheim, gehen sie daran, dem Welpen in kleinen Schritten immer wieder einmal fremde Örtlichkeiten zu zeigen und ihn mit unbekannten Reizen zu konfrontieren.

Im Zuge dieser Sozialisierung ist es wichtig darauf zu achten, den Hund nicht zu überfordern. Gehen sie in kleinen Schritten vor und arbeiten sie kein Mammut-Programm in kürzester Zeit ab.

Beginnen sie damit, den Welpen an das Autofahren zu gewöhnen. In den ersten Fahrstunden werden sie unter Umständen das Gefühl haben, einen kleinen Schimpansen im Fahrzeug zu haben, denn Protest-Quieken ist fast vorprogrammiert.

Fahren sie jeden Tag eine kurze Runde und steigern sie langsam die Fahrzeit. Je *normaler* der Welpe die tägliche Fahrt empfindet, desto fixer gewöhnt er sich an die Geräusche und die Bewegungen des Fahrzeugs.

Anfänglich ist es dabei hilfreich, wenn eine zweite Person den Hund auf dem Arm hat, oder zumindest in seiner Nähe sitzt, um notfalls beruhigend einzuwirken. Die Box im Auto sollte erst dann genutzt werden, wenn das Tierchen ohne Stress im Auto mitfährt.

Bitte verbinden sie die Box in der ersten Zeit immer mit einem positiven Geschehen! Sie können den Hund dort füttern, oder mit einem speziellen Spielzeug - ausschließlich für die Ausfahrten mit Vorfreude einstimmen.

95

Zwang in diesem Zusammenhang kann sich zu einer Problematik entwickeln, wenn der Hund die Autobox mit Angst/Panik verknüpft. Dann ist es fast aussichtslos, das panische Verhalten zu korrigieren! Seien sie geduldig und einfühlsam und es wird problemlos funktionieren und für das Tier ohne Stress klappen.

Dank des Autos sind sie mit dem Hund flexibler. Nutzen sie diesen Umstand und besuchen sie mit dem Tier unterschiedliche, entferntere Orte.

Der Gang durch eine Fußgängerzone ist für den kleinen Liebling anstrengend, aber lehrreich. Denken sie daran, immer einen Kotbeutel parat zu haben. Vor Aufregung kann es passieren, dass der Zwerg sich lösen muss und die Hinterlassenschaft sollte man stets auch sofort beseitigen!

Besuchen sie ein Kaufhaus und fahren sie mit dem Fahrstuhl. Grundregel dabei muss jedoch sein: Hat der Hund Angst, kommt er auf den Arm, bis diese Angst sich entspannt hat! Viele Menschenbeine, Geräusche, Autos, Hupen, Martinshorn und weitere Dinge mehr, sind Neuland für den Welpen und verunsichern ihn.

Der Hund ist derweil solange auf ihrem Arm (während sie stehen bleiben) bis er ruhiger wird und dann kommt er wieder auf den Boden und sie laufen ein nächstes Stückchen.

Das Tier soll immer das Empfinden haben, dass sie als Halter aufpassen und sein Vertrauen verdient haben.

Gehen sie mit dem Welpen auf einen großräumigen Bahnhof. Setzen sie sich auf dem Bahnsteig auf eine Bank (Hund auf der Erde zwischen ihren Beinen lassen) und schauen sie gemeinsam ein- und ausfahrende Züge an.

Laute Durchsagen mit Gong, viele Menschen und das Geräusch der Züge sind für den Welpen anstrengend, aber in der Regel wird er rasch neugierig und entspannt reagieren. Gehen sie erst, wenn das Tierchen sich angstfrei verhält und keine offenen Symptome von Stress mehr zeigt.

96

Besuchen sie mit dem Hund eine Schule und/oder einen Kindergarten. Warten sie dort auf Schulschluss, oder eine Pause, denn dann strömen viele Schüler/Kindergartenkinder zum Gebäude. Gestatten sie den Kindern, das Tier zu berühren, ohne es jedoch zu bedrängen und eng zu umzingeln.

Laufen sie während einer dortigen Trainingsstunde an einem Hundeplatz vorbei (ohne den Trainingsbetrieb zu stören/zu unterbrechen). Setzt sich der Welpe ab, bleiben sie solange stehen, bis er von sich aus weiterläuft.

Bitte beachten sie bei all den genannten Maßnahmen jedoch immer, dass das Tierchen noch nicht lange am Stück laufen darf! Vermutlich müssen sie es manche Strecken teilweise tragen. Bei einem Welpen hat sich ein Tragetuch als zweckdienlich erwiesen - zumindest für die allererste Zeit.

Wenn sie den Zwerg auf den Arm nehmen wollen, heben sie ihn *nie* einfach unter dem Bauch mit zwei Händen an!

Der korrekte Griff ist: Von hinten zwischen den Hinterbeinen durch und mit einer Hand unter dem Bauch zufassen. Die zweite Hand stützt dabei in der Mitte unterhalb der Vorderbeine den Brustbereich. Sie halten also beide Arme vor der Brust und darauf *liegt* das Hundekind quasi.

Diese Art des Transports hat den Vorteil, dass der kleine Hund sich vor ihrem Oberkörper besonders geborgen und beschützt fühlt. Sie stellen Nähe her und das Tragen ist für sie körperlich einfacher und sicher, denn das Tierchen kann nicht aus diesem Griff hüpfen.

Bei aller Sozialisierung darf der Hund nie das Vertrauen zu ihnen und in sie verlieren. SIE sind der schützende Hafen, die Anlaufstelle bei Angst und der verlässliche Freund in ihrer Beziehung.

Ausreichende Ruhephasen zwischen den unterschiedlichen Lernstationen stellen sicher, dass der Welpe nicht überfordert wird.

Bitte bedenken sie, dass ein erwachsener Hund bis zu 36 Stunden benötigt, um Stress abbauen zu können. Wie ist es da erst bei einem Hundekind?

Wechseln sie ab zwischen kleinen Lerneinlagen, Spiel und alle paar Tage einem Besuch an einem anderen Ort mit fremden und neuartigen Eindrücken.

Schaffen sie dem Hund Anreize, Zeit gern mit ihnen zu verbringen und Vertrauen in unterschiedlichen Lebenslagen zu ihnen aufzubauen.

Bindung

Schauen wir uns einmal die ... Bindung an. Was ist das?

Mit der Bindungstheorie bezeichnen wir eine psychologische Theorie, die darauf beruht, dass Menschen das angeborene Bedürfnis haben, sich eng emotional an andere Menschen oder weitere Lebewesen zu binden.

Was verlangen wir bei diesem Terminus von unserem Hund? Eine menschliche Regung und damit wieder den Bezug zur Vermenschlichung?

Der Hund ist *das* Haustier des Menschen schlechthin. Er hat Besonderheiten, die ebenso auf den Menschen passen und genau dieser Umstand macht die Beziehung zu uns so kompatibel. Wir harmonieren einfach unglaublich gut zusammen.

Im Zuge der Domestikation führte Selektion dazu, dass sich Rassen ausbildeten und damit erwünschte Eigenschaften der Tiere wirkungsvoll weitergegeben wurden.

Hunde haben gelernt, ihre Ansprüche auf die Zweibeiner abzustimmen und diese als ihre vorrangigen Sozialpartner zu sehen. Bis heute orientiert sich hündisches Verhalten an uns Menschen und dadurch entstand eine klare Abhängigkeit der Tiere zu uns.

Und wieder sind wir bei dem - bereits in einem vorhergehenden Kapitel- erwähnten Sprichwort »*Wie der Herr, so das Gescherr*«.

Die Bindung des Welpen liegt also von Anfang an ausschließlich in unseren Händen. Dabei ist die so oft propagierte *Platzarbeit* zwar durchaus ver-bindend, jedoch nicht Bindung erzeugend in der eigentlichen Form. Leider gehen viele Hundeschulen an dieser Begrifflichkeit komplett vorbei und setzen auf strikte Unterordnung als Bindungsarbeit.

99

Bereits beim Welpen beginnen wir, jeden Blickkontakt zu belohnen! Das erfordert von uns Zweibeinern eine gesteigerte Achtsamkeit im Umgang mit dem Hund.

Augenkontakt hat stets mehrere Aspekte. Aufmerksamkeit, ein Hilfegesuch oder eine Frage. Leider wird diese Art des Kontaktes von Hundehaltern oft komplett ignoriert.

Körperkontakt? Wir gehen mit dem Hund (egal ob Welpe oder erwachsen) spazieren. Scheinbar zufällig berührt uns das Tier dabei immer wieder an der Hand oder am Bein. Wir ignorieren die Kontaktaufnahmen, denn wir nehmen sie nur als unbeabsichtigt wahr. Faktisch sind es aber Bindungsbezeugungen unseres Vierbeiners nach dem Motto »Hallo - ich bin hier«.

Noch vor nicht allzu langer Zeit wertete man das Anstupsen durch den Hund als Geste scharfer Dominanz, der man keinesfalls nachgeben sollte.

Allein das Wort »Dominanz« entlockt mir heute ein fröhliches Grinsen, denn es handelt sich um die wohl am meisten missbrauchte Bezeichnung eines zumeist völlig normalen Verhaltens des Tieres in der Hundeerziehung.

Es hat sich als der Bindung abträglich erwiesen, den Welpen permanent zu kontrollieren und mit Kommandos vollzupumpen. DAS schickt den Hund bloß in eine Form der sozialen Isolation.

Welpen, die äußerst früh nach Möglichkeit viele Befehle erlernen sollen und zeitgleich auch noch auf dem Hundeplatz ausgebildet werden, zeigen in der Praxis häufig Bindungsproblematiken.

Der Zwerg wird *nicht* ohne Grundregeln aufwachsen und er soll auch *nicht* ohne Grundgehorsam ein antiautoritäres Leben, abgewandt vom Gehorsam führen.

Beschäftigt man sich jedoch mit dem Lernverhalten der Hunde, erkennt man: Die Tiere lernen erfolgsorientiert. Sie üben durch das Austesten individueller Grenzen, und dafür wird die menschliche Körpersprache und Kommunikation ausgiebig studiert.

100

Bindung entsteht ohne Druck und Zwang auf den Welpen. Wir arbeiten ausschließlich bestätigend.

Es ist kaum sinnvoll vom Vierbeiner zu erwarten, dass er sich auf uns einstellt, wenn wir uns nicht in der Lage sehen, die Körpersprache des Tieres zu lesen.

Der Welpe verknüpft positive und negative Erfahrungen binnen 0,5 bis 1 Sekunde nach dem Geschehen.

Ein Hund, dessen Blicke zu uns permanent ignoriert werden, der wird keine Bindung aufbauen.

Wir sind Menschen, denken und fühlen also solche und damit sei mir ein menschlicher Vergleich gestattet:

Ein Kleinkind (1-2 Jahre), das wir den gesamten Tag über mit Verboten überschütten, mahnen und zu gutem Benehmen auffordern? Wir loben nie (oder lustlos), sondern strafen, schreien und rüffeln ständig? Wir schauen einfach nicht hin, wenn das Kind uns etwas stolz zeigen möchte, oder uns ruft, um Hilfe zu erbitten?

Wird das Kind uns lieben, achten und sich zu uns hingezogen fühlen und ein Empfinden für tiefe Bindung zu uns entwickeln?

Eher ... nein! Wir erziehen mit diesem Verhalten ein bockiges Kind, welches vermutlich lieber das Gegenteil von dem tut, was wir erwarten. Es wird uns aus Angst vor Strafe aus dem Weg gehen und uns meiden.

Hunde sind nicht anders!

Die menschliche Stimme ist ein wesentliches Instrument der Verständigung mit dem Hund. Die ausdrucksstarke Körpersprache vertieft die Kommunikation.

Sie stehen kerzengrade vor ihrem Welpen, Hände in die Hüften gestemmt und rufen laut mit energischer Stimme seinen Namen. Wird er angeflitzt kommen? Nein!

Die aufrechte Haltung in Front ist für das Tier an sich bereits bedrohlich. Die Stimmlage ist es erst recht.

Besser: Den Welpen in höherer Tonfolge heranrufen. Der Rumpf ist dabei halb abgewandt und sie schauen über die Schulter. Auffordernd in die Hände klatschen, kurz in die Hocke gehen und physisch eine Spielaufforderung andeuten. Symbolisieren sie dem Zwerg: Da warten Spaß und Belohnung auf mich! Freudig kommt ihr kleiner vierbeiniger Freund angeflitzt.

Wieder ein Schritt Richtung Bindung seitens des Tieres ist getan: Ich verstehe meinen Menschen und er kann mir durch Körper und Stimme positiv vermitteln, was ich gerade tun soll.

Leider wird bis heute propagiert, dass eine helle Klangfarbe immer auch Freude und Bestätigung symbolisiert. Sie bleibt jedoch ausschließlich dem Welpen vorbehalten.

Der Junghund und später das erwachsene Tier sollen keinesfalls mehr in glockenhellen Quietschtönen bestätigt werden!

Verhaltenstechnisch sehe ich mich gezwungen, an dieser Stelle dann doch in die »Wolfskiste« greifen.

In der Erziehung des juvenilen Nachwuchses im Wolfsrudel wird auch nicht in zarten Tonlagen gemahnt und kommuniziert. Es gibt klare Ansagen, die kurz, präzise und deutlich im Tonfall sind. Eine stimmliche Abgrenzung von Welpen und Jungspunden *muss* erfolgen, da es oftmals im Verband sowohl das Eine, als auch das Andere zeitgleich gibt. Einjährige Tiere würden sich bei einer hellen Stimme der Mutter nie akzeptiert und für voll genommen fühlen.

Ich habe derweil Kopfkino und stelle mir vor, mein knapp 50 Kilo Rüde wird von mir mit silberhellem Pieps-Stimmchen gerufen. Womöglich noch bei Ankunft mit einem ausgedehnten »Feeeeeiiiiiin« begrüßt? Die Folge? Ich befürchte ernsthaft, der Bube würde sich (mit Verlaub) verarscht fühlen und mich ... ignorieren, oder für einen menschlichen Vollpfosten halten.

Wir fassen die Erkenntnisse zur Bindung zusammen:

- Bindung entsteht ohne Gewalt und im gegenseitigen Verstehen von Körpersprache, Mimik und Stimme.
- Blickkontakt des Welpen ignorieren wir nicht, sondern honorieren ihn.

102

- Der Hund wird keinesfalls im ersten Jahr mit Befehlen und Kommandos »bombardiert«.
- Gutes Verhalten bestärken/belohnen wir - schlechtes Verhalten wird ignoriert (auch wennes schwerfällt).
- Körperkontakte begrüßen wir und begegnen ihnen warmherzig mit einem kurzen Streicheln und freundlichen Worten.
- Wir setzen unsere Stimme und eine positive Körpersprache zur Erziehung ein.

Sicher kommt jetzt von ihnen der Einwand, dass es noch die Arbeit in der Hundeschule gibt. Unterordnung, Grundgehorsam und Co..

Wie eingangs geschrieben, stellen diese Maßnahmen nicht zwangsläufig Bindung her, können jedoch positiv unterstützen, solange die Ausbildung absolut nicht in *Kadavergehorsam* übergeht.

Ein verständlicher Ton zwischen dem Welpen und dem Hundeführer, sowie eine eindeutig freundliche Körpersprache begünstigen die Teambildung und eine enge Verbundenheit und Einheit.

Aus meiner persönlichen Sicht dient das erste Lebensjahr des Hundes vor allem dazu, das Miteinander zu erlernen und zu leben. Sich kennenzulernen und sich zu verstehen.

Erst dann, wenn Hund und Frauchen/Herrchen eine homogene Einheit bilden, macht es tieferen Sinn, die Ausbildung des Vierbeiners basierend auf Verständnis und Vertrauen zu vertiefen und zu festigen.

Meine eigenen Tiere lernen im ersten Lebensjahr, auf Befehl sitz zu machen, zu bleiben, niemanden anzuspringen. Wir üben das Laufen an der Leine und vorrangig die zuverlässige Abrufbarkeit aus unterschiedlichen Situationen.

Auf die Idee, mit meinem Welpen Unterordnung zu pauken und ihm beispielsweise das sogenannte »Vorsitz« auf dem Platz beizubringen, darauf käme ich nie. Es gibt zu viele Übungen, bei denen die Bindung infrage gestellt wird und der Hund gegen das reguläre Empfinden von Bedrohung ankämpfen muss. Er soll dann agieren, aber auf keinen Fall mehr reagieren. Das ist aus meiner Sicht ein gewaltiger Vertrauensbruch.

Mir war es stets ein Anliegen, einen Hund nie zu brechen, sondern auf partnerschaftlicher Basis mit ihm zu arbeiten.

Einen gedrillten Vorzeigehund brauche ich im Haushalt nicht, jedoch einen verlässlichen und sympathiegeprägten Begleiter durch den Alltag. Einen Freund und Buddy. Der Hund soll mich respektieren und mögen - niemals aber ... fürchten.

Beißhemmung? Was ist das? - Die Zahnfee kommt

Es ist an der Zeit, mit alten Zöpfen aufzuräumen. Zu lange wurde behauptet, die sogenannte *Beißhemmung* sei dem Hund angeboren.

Ist sie n i c h t und ... wir sprechen heute fachlich von »der Fähigkeit zur Kontrolle der Beißintensität«.

Der Einfachheit halber und wegen des mehr geläufigen Terminus bleiben wir in diesem Kapitel bei der Vokabel *Beißhemmung*.

Etwa ab der 4. Lebenswoche lernt der Welpe an der Mutter und den Geschwistern, seine Beißintensität zu kontrollieren.

Attackiert der Zwerg im Hunger die Zitzen der Mama zu heftig, bricht diese den Säugevorgang ab und im Zweifel wird sie den Welpen tüchtig zur Ordnung rufen. Auch die Geduld einer Mutter endet an der Schmerzgrenze.

Im Spiel mit den Geschwistern erprobt der Zwerg die nadelspitzen Milchzähnchen bei ersten kleinen Machtkämpfen. Rasch wird hier die Erfahrung gemacht: Tue ich meinem Geschwisterchen weh, spielt es nicht mehr mit mir, oder aber es zwickt gehörig zurück.

Die eigene Schmerzerfahrung lehrt, die Beißintensität der jeweiligen Situation anzupassen und zu mäßigen. Der Welpe muss die Beißhemmung also in der Tat erst *erlernen*.

Zieht der Winzling bei ihnen ein, wartet eine völlig neuartige Herausforderung. Wo liegt die Schmerzgrenze des Menschen und wie heftig kann und darf ich im Spiel zufassen?

Jetzt ist es an uns als Halter, dem Welpen Grenzen zu zeigen und die Fähigkeit zur Kontrolle der Beißintensität bei unserem Hund weiter zu trainieren.

Verhaltensforscher glaubten lange, dass die Beißhemmung auch den Zweck der Arterhaltung verfolgt. In einem Kampf soll der Sieger

105

den Rivalen nicht töten, sondern durch die Rückenlage schachmatt setzen und Überlegenheit (Dominanz) demonstrieren.

Inzwischen gilt diese Auffassung als veraltet. Dennoch glaube ich, dass ein Funke Wahrheit in der These steckt.

Warum sollte ein Gegner nicht einfach getötet werden? Eine saubere und vor allem endgültige Lösung eines Konfliktes bei effektiver Ausschaltung des potenziellen Feindes?

Hunde sind äußerst soziale Wesen, und aus diesem Grund macht es deutlich einen Sinn, innerhalb eines Gefechtes nie zu töten, sondern zur Erhaltung der Art zu *schonen*.

Machen wir uns nichts vor: Der Labrador ist ein großer Hund mit kräftigem Gebiss. Wenn er will, kann er einen Kontrahenten problemlos zu Tode beißen.

Es gilt also, die alte These zu überdenken und zumindest im Ansatz als nachvollziehbar zu erkennen.

Daheim mit Ihnen? Jeder, der einmal einen Welpen aufgezogen hat, weiß, dass die kleinen Zähne tatsächlich bereits verletzen können und dass ein Zwicken wirklich wehtut. Was also tun? Zuerst darauf achten, dass der Zwerg sich nicht innerhalb eines Spiels hochspult. Wie ein überdrehtes Kind verliert das Tierchen die Kontrolle und dann wird es schmerzhaft.

Im Bereich der Geschwister würde ein so gezwicktes Brüderchen/ Schwesterchen einen sogenannten »Welpenschrei« ausstoßen. Das ist ein schriller und durchdringender Schrei, der die Wirkung hat, dass der kleine Angreifer in aller Regel sofort ablässt.

Als Mensch können sie also durchaus einen hellen Ruf hervorbringen, der an ein »Aua«, oder ein klares »Lass es« geknüpft ist.

Ich bevorzuge das Wort »No«, da es kurz, knackig und eher derb im Laut ist.

Wenden sie sich augenblicklich vom Welpen ab und ignorieren sie ihn für etwa 2 Minuten komplett. Setzen sie anschließend die gemeinsame Beschäftigung kurzfristig nicht fort, sondern geben sie dem Kleinchen als Alternative ein Spielzeug.

Ist wieder Ruhe eingekehrt und das Hündchen hat sich beruhigt, können sie Spiele und kleine Übungen fortsetzen.

Einige Trainer favorisieren die Methode, den Welpen für wenige Minuten in ein anderes Zimmer zu sperren, wenn er beginnt zu zwicken. Aus meiner Sicht keine geeignete Maßnahme. Sicherlich lernt das Tier auch in diesem Moment, dass sein Verhalten unerwünscht ist. DAS geschieht aber durch die Absonderung vom Verband und ist mit Angst verbunden, was kontraproduktiv ist.

Bei der erwähnten Methode befürchte ich eher, dass der Welpe die Isolation im separaten Raum mit dem Alleinsein insgesamt verknüpft, was bei späterem Alleinbleiben zu Problemen führen kann.

Fakt ist: Mit sanfter und kontrollierter Ignoranz im Fall einer Zwick-Attacke lernt das Tier fix, was unerwünscht ist. Konsequent ausgeführt, ist das Lernen der Beißhemmung bald erledigt und das Endziel, das *soft mouth* (weiche Maul) vor Beginn des Zahnwechsels mit 16-18 Wochen abgeschlossen.

Ist das Milchgebiss mit seinen 28 Zähnen dem Endgebiss mit den dann 42 Zähnen gewichen, wird aus dem Zwicken ein waschechter Biss und d a s gilt es zu vermeiden.

Die Zahnfee kommt...

... und nochmals werden wir mit unerwünschtem Kauen des Welpen konfrontiert. Viele Welpenbesitzer empfinden diese Zeit als anstrengend und eher unangenehm.

Schauen wir uns einmal die Prozedur des Zahnwechsels an, wird verständlich, warum der Winzling zuweilen unleidlich ist und alles annagt, was ihm vor die Schnauze kommt.

Bereits das Milchgebiss verfügt über voll ausgebildete Zahnwurzeln. Darunter liegen die Zahnkeime des dann dauerhaften Gebisses.

Da der 1. Prämolare (Vorbackenzahn), sowie die Molaren (hinteren Backenzähne) im Milchgebiss nicht angelegt sind, erhöht sich die Anzahl der Zähne mit der Umstellung zur bleibenden Bezahnung. Im Endeffekt hat das dann Tier im Oberkiefer 20 und im Unterkiefer 22 Zähne.

Die Zahnkeime lassen zurzeit des Wechsels die Wurzeln der Milchzähne sowohl von außen, als auch von innen resorbieren - also auflösen. Allein im Bereich der Fangzähne mit ihren extrem langen Milchzahnwurzeln ist das eine äußerst schmerzhafte und langwierige Prozedur.

Ist die Zersetzung der Milchzahnwurzeln komplett, fallen die Zähnchen aus und das Endgebiss kann durchstoßen. Dabei beginnt ein Wechsel mit den Schneidezähnen und endet in aller Regel bei den Fangzähnen aufgrund der extrem langen Wurzeln und dem damit verbunden langsamen Wuchs.

Mit etwas Glück finden sie in der Zeit ausgefallene Milchzähnchen ihres Welpen. Oftmals schluckt das Tier sie jedoch einfach runter, was unbedenklich ist. Die größte Chance besteht darin, einen kleinen Reißzahn zu entdecken.

Hilfreiche Hundehalter versuchen in dieser Zeit, das Ausfallen durch Zerrspiele zu erleichtern und zu forcieren. Bitte lassen sie das! Zahnreste können bei Abbrechen im Kiefer verbleiben und zu Entzündungen führen. Zahnwechsel bedeutet eine Auszeit für Zottelspiele.

Vermutlich verstehen sie nach meiner Schilderung, wie schmerzhaft die Prozedur für den Welpen ist. Oft geht der Wechsel mit Fieber und Unwohlsein einher. Der Hund scheint quengelig, ruhelos und beleckt sich auffallend oft und *schmatzt*, um *Wackelzähne* zu entfernen.

Schmerzstillend ist es, heftig zu kauen und harte Gegenstände anzunagen. Bieten sie dem Hundekind Alternativen zu Schrankecken, Wandvorsprüngen und ihren Schuhen an.

Im Zoofachhandel gibt es Beißhölzer in unterschiedlichen Größen aus Weichholz. Das Zernagen verursacht weiche und kurze Späne, die beim Verschlucken und der Verdauung keine Probleme verursachen.

Es kann passieren, dass der Welpe Trockenfutter verweigert. Oft hilft es, das Futter vor dem Verzehr zu kühlen.

Ein Stückchen kalte Melone, oder gekühlter Hüttenkäse, Quark etc. lindern die Schmerzen. Ein Eiswürfel wirkt zuweilen Wunder.

108

Der Zahnwechsel ist bei großen Rassen wie dem Labrador früher abgeschlossen, als bei kleinen Hunden. Mit etwa 7-8 Monaten ist der gesamte Vorgang erledigt und das Scherengebiss komplett.

Eine Kontrolle durch den Tierarzt sollte auf jeden Fall stattfinden, um etwaig vorhandene überschüssige Zähne zu entfernen und den Gesamtzustand des Gebisses zu überprüfen. Gibt es Fehlstellungen? Fehlen Zähne, oder sind es zu viele? Beides ist möglich.

Abschließend möchte ich noch ein paar Worte zur Mär der »Beißkraft« sagen.

Immer wieder kursiert das Gerücht über die Kraft eines Bisses, und Hundehalter brüsten sich recht gern damit, wie heftig ihr Tier zubeißen kann.

In der TRIsKA-Studie aus dem Jahr 1924 versuchte man, Hunde Knochen zerbeißen zu lassen. Der dazu benötigte Druck wurde über einen Winkelfederapparat gemessen.

Im Nachgang erwies sich die oft zitierte Studie als nicht haltbar da nur 24 Hunderassen und diese in unterschiedlichem Alter in die Analyse einflossen.

Noch heute wird auf die verstärkte Beißkraft mancher Rassen verwiesen. Wissenschaftlich belegt können solche Aussagen keinesfalls werden!

Die Legende, dass ein Mastino eine Beißkraft von einer Tonne hat, die gehört eher in das Repertoire eines im Rotlicht-Milieu Tätigen, der mit seinem Hund ein wenig auf »dicke Hose« machen möchte.

Der weitaus kräftigste Beißer aus der Hundefamilie ist die Hyäne, die mit 100% vor dem zitierten Mastino liegt.

Dennoch dürfen wir nie unterschätzen, dass der Labrador-Welpe ein körperlich großer und stabiler Hund sein wird. Vernünftige und sachlich korrekte Erziehung und nicht zuletzt das Erlernen der Beißhemmung, ist für den problemfreien Umgang zwischen Hund und Mensch unerlässlich.

Unerlaubte Dinge aufnehmen

Ein Modetrend der vergangenen Jahre lag darin, dass sich Hunde ihr Futter selbst *erarbeiten* mussten.

Dazu wurde das Futter draußen - bevorzugt auf Spaziergängen-versteckt und sollte gesucht werden. Die Vierbeiner hatten Spaß daran und die Hundewelt schien für die Halter in Ordnung zu sein.

Nun sind Haushunde aber keine Wölfe mehr und sie sind in aller Regel im Rahmen der Entwicklungsgeschichte nicht mehr dazu ausgelegt, sich Nahrung selbst zu beschaffen.

Straßenhunde beherrschen diese Kunst der Eigenversorgung noch. Jedoch darf man nie vergessen, dass sie in Unabhängigkeit von uns Menschen leben. Sie sind selbstbestimmende und gewohnte Selbst-versorger.

Das erwiesene Problem des Modetrends ist es hierzulande, dass sich die Zahl der Hundehasser mehrt. Ausgelegte Giftköder bilden für die Vierbeiner ein tödliches Thema, wenn sie aufgenommen und gefressen werden.

Aus diesem Grund rate ich jedem Welpenbesitzer, das Aufnehmen von fressbaren Dingen draußen abzutrainieren bzw. zu unterbinden - rigoros!

Beginnt man bereits mit dem Welpen zu üben, wird es später kaum Probleme geben. Ein Trainingsansatz ist wie folgt:

Legen sie vor dem Welpen ein Leckerchen auf den Boden. Nähert sich das Tier dem Goodie, stülpen sie blitzschnell die Hand darüber und sagen »Nein«. Mit der freien Hand geben sie sofort ein Leckerli und loben ausgiebig.

Der Zwerg wird die Übung als ein spannendes Spiel auffassen und sehr schnell begreifen, was von ihm gefordert wird.

Mit der Zeit beginnen sie, draußen zu trainieren. Die Herausfor-derung sollte darin liegen, dass sie als *Köder* extrem leckere Dinge

111

auslegen, wie zum Beispiel ein halbes Käsebrötchen, oder ein Stück Fleischwurst.

Je verführerischer die Challenge, desto höher der Trainingseffekt bei Erfolg! Und ... mit jedem Tag lernt der Hund mehr, dass er Essbares nur aus ihrer Hand annimmt und nicht unterwegs alles aufsammeln darf, was am Boden liegt und fressbar ist. Und das unabhängig davon, wie scheinbar lecker das herumliegende Häppchen auch sein mag.

Perfektionieren kann man dieses Training, indem der Hund das Belohnungs-Leckerchen *immer* und *ausschließlich* aus der linken Hand bekommt. Halten sie ein Goodie auf der rechten Innenhand hin und wenn der Zwerg es nehmen will, verschließen sie die Handfläche mit einem »Nein« und honorieren augenblicklich mit links.

Egal wann und egal wofür: Belohnung erhält der Hund nur aus der linken Hand!

Der Vorteil der Übungserweiterung liegt darin, dass kein unbekannter Mensch ihrem Hund ein vielleicht vergiftetes Häppchen reichen kann (es sei denn, er ist Linkshänder - Restrisiko). Sie schließen im Grunde komplett aus, dass der Vierbeiner etwas von Fremden annimmt.

Wie bei allen Übungen mit dem Welpen (und das gilt grundsätzlich für absolut *jedes* Training) ist es extrem wichtig, dass sämtliche Familienmitglieder am gleichen Strang ziehen!

Ein ja-nein-vielleicht-Verhalten verunsichert den Hund und führt zu keinerlei Erfolgen!

Wie immer im Leben, hat diese Vorsichtsmaßnahme für die Übungen auch kleine Schattenseiten.

Ihr Welpe kann bei Fressbarem nicht unterscheiden zwischen dem heimischen Garten und der Umwelt bei einem Spaziergang.

Sollten sie barfen und Knochen (oder Rohfleisch) später draußen auf ihrem Grundstück füttern, ist das kontraproduktiv für das Aufnahmeverbot.

112

In einem solchen Fall kann man einen speziellen räumlichen Bereich des Gartenareals für die Fütterung im Training *freigeben*. Diese Maßnahme ist mit einem relativ hohen Trainingsaufwand verbunden und nicht einfach, aber umsetzbar.

Für den Moment und im allerersten Erziehungsjahr des Welpen müssen wir dem Themenbereich B.A.R.F. noch keine Beachtung schenken.

Oftmals werden im ersten Lebensjahr kleine Dummyspiele veranstaltet, bei denen ein Apportel in minimaler Distanz geworfen wird und der Welpe soll es bringen. Da der Dummy in diesem Fall ein Beute-Ersatz ist, wird vom Halter belohnt.

Manche Hundebesitzer nutzen dafür einen sogenannten *Futterdummy*. Das ist eine längliche, rund geformte Tasche mit Reißverschluss und einer Wurfkordel. Darin liegen Leckerchen.

Bitte honorieren sie das Bringen der *Beute* nie, indem sie die Goodies auf die Erde werfen. Besser: Legen sie eine Belohnung *auf* den Futterdummy und der Welpe darf sie von dort und somit aus ihrer Hand erhalten. Damit forcieren sie a) das Nicht-Aufnehmen vom Boden und b) stellen sie einen direkten Bezug zum Beuteerfolg her.

Leider sind es keinesfalls nur Giftköder, die den Hunden draußen Probleme bereiten können. Das Trinken aus Pfützen und kleinen, stehenden Gewässern ist riskant und gesundheitlich unter Umständen bedenklich.

Oft sehe ich fröhlich kommentierte Bilder und Videos von Labbis, die Schlammbäder nehmen und deren verdrecktes Aussehen - allem Vernehmen nach- als spaßig empfunden wird.

Was gern dabei übersehen wird ist die Tatsache, dass der Hund das verschmutzte Wasser beim Baden auch trinkt!

Die gefürchtete Leptospirose lauert ebenso in Pfützen, wie das Bakterium Clostridium botulinum (Erreger Botulismus) in kleinen stehenden Gewässern. Auch Salmonellen finden sich in dieser Art von Wasserstellen.

Nach jüngeren Erhebungen scheint es auch einen Zusammenhang zwischen verschmutztem Badewasser und der Bildung oberflächlicher Hot Spots zu geben, während tieferliegende Spots einen eher bakteriellen Hintergrund haben.

Frühzeitig erlernt, trinkt der Welpe nicht aus Wasserlachen und unsauberen Tümpeln. Außerdem lernt er, dass das Badewasser sauber und klar sein sollte - besser noch ... fließend.

Wenn der Hund erst längere Runden laufen darf, gewöhnen sie sich an, immer einen kleinen Vorrat Frischwasser an warmen Tagen dabei zu haben. Zu diesem Zweck ist es hilfreich, bereits dem Winzling beizubringen, aus einer Flasche zu trinken.

Die Knirpse haben fix den Bogen raus, das Wasser aufzunehmen, welches aus einer Flasche herausläuft.

Mit etwas Übung und Beobachtungsgabe können wir die Gesundheit unseres Hundes schützen und bewahren. Die Mühe lohnt sich!

Abruf mit der Pfeife

Eine verlässliche Abrufbarkeit scheint mir das wesentlichste Element der Hundeerziehung zu sein.

Es nutzt nichts, einen Vierbeiner zu haben, der zuverlässig zahlreiche Kommandos beherrscht, aber im Zweifel einfach auf Nimmerwiedersehen verschwindet. Die Sicherheit des Tieres hängt unter Umständen von der Abrufbarkeit ab, und Spazierrunden sind sowohl für den Hund, als auch den Zweibeiner deutlich entspannter, wenn man beieinanderbleibt.

Ein Welpe kann ab der 16. Lebenswoche langsam an die Hundepfeife gewöhnt werden. Ich rate dabei zu einer 2-Ton-Büffelhornpfeife. Oftmals wird eine sogenannte *Slide-Whistle* verwendet, die einen Signalton in so heller Frequenz aussendet, dass sie für den Menschen fast unhörbar ist.

Das Argument für die Slide-Whistle ist, dass der Hund sehr viel höhere Frequenztöne wahrnimmt als wir und darauf prompter reagiert und die Rufweite deutlich vergrößert ist.

Erfahrungsgemäß funktioniert das Training jedoch besser mit der laut hörbaren 2-Ton-Pfeife. Bedenkt man dann, dass der Hund keinen weiteren Radius als maximal 15 m haben soll (danach schrumpfen Abrufbarkeit und Zugriffsmöglichkeit), ist die Übung mit der Büffelhornpfeife ideal. Es gibt den Standard-Rufton und einen Trillerton.

Haben sie bereits einen weiteren Hund, der das Training beherrscht, wird der Welpe mitziehen. Ein Einzelhund bekommt ein Pfeifentraining, bei dem sie wie folgt vorgehen:

Die Übung wird daheim aufgebaut. Man benötigt zwei Büffelhornpfeifen (2-Ton) und zwei Menschen. Beide setzen in sich in zwei unterschiedliche Räume des Hauses/der Wohnung.

Person 1 beginnt mit der Konditionierung wie folgt:

115

Der Hund sitzt vor der Person. Man sagt jetzt den Namen des Welpen, um die Aufmerksamkeit zu bekommen. Dann ein kurzer Pfiff und augenblicklich ein Leckerchen in den Hund stopfen. Name-Pfiff-Leckerchen. Name-Pfiff-Leckerchen usw.!

Sie üben auf diese Weise 5 bis 10x und der Hund hat begriffen: *Beim Pfeifenton gibt es ein Leckerli!*

Dann ruft Person 2 den Welpen aus dem anderen Raum zu sich. Der Hund flitzt herbei. Name-Pfiff und Goodie! Lob bitte nicht vergessen!!!

Person 1 wartet derweil im weiteren Zimmer. Sie ruft den Hund und er kommt. Das Spiel kann beginnen: Name, Pfiff, Leckerli und tüchtig loben.

Wichtig ist: Immer wenn der Vierbeiner erscheint, sagen sie erst den Namen, um die Aufmerksamkeit zu bekommen, und dann erfolgt ein kurzer Pfiff und unverzüglich gibt es ein Goodie!

Man kann das jeden Tag 3-4x üben. Klappt es verlässig, lässt man den Namen des Welpen nach ein paar Tagen weg. Man pfeift nur noch und der Hund sollte dann kommen. Super-Sonder-Extra-Leckerchen und besonderes Lob!

Klappt das Training verlässlich innerhalb des Hauses, geht es ins Außentraining!

Bitte überfordern sie den Welpen mit den Übungseinheiten nicht. Lassen sie es mit Ruhe und vor allem viel Geduld angehen.

Am besten geeignet für die Arbeit im Außenbereich ist eine lange, sogenannte *Feldleine* (dünne und gekordelte Schnur aus dem Zoohandel) und eine freie Fläche (Wiese, Feld, oder Ähnliches). Wieder sollten zwei Leute das Tutorium gemeinsam aufbauen.

Der Hund ist an der Feldleine, die den Abstand der Menschen vorgibt. Die beiden menschlichen Partner pfeifen abwechselnd. Der Welpe kommt auf den Pfiff, wird belohnt und bekommt ausgiebiges Lob.

116

Bereits nach 1-2 Tagen wird die Übung funktionieren.

Danach geht es ins erweiterte Außentraining. Erneut suchen sie dazu eine Wiese/Feld etc.! Die zwei Menschen stehen in großem Abstand beginnend bei etwa 20 m (langsam steigernd).
Der Welpe sollte beide Personen aber sehen können!
Und wieder wird munter gepfiffen, es gibt ein Leckerchen und es wird überschwänglich gelobt!
Der Hund hat jetzt gelernt, dass es sich *immer* lohnt, nach dem Pfiff zu Herrchen/Frauchen zurückzukommen.

Ein auf den Rückruf hörender Hund ist wunderbar! Man muss nicht rufen oder brüllen, sondern ein kurzer Pfiff reicht und das Tier kommt zurück.
Spaziergänge sind entspannt. Der Hund kann schnüffeln, ohne durch eine Leine limitiert zu sein, und sie laufen ohne Sorge, dass der Vierbeiner plötzlich Gas gibt und verschwindet.

Später setzt man den Trillerton der Pfeife gezielt ein. Man kann damit z.B. einen Warnpfiff üben. Unsere Hunde wissen zum Beispiel: Wenn dieser Ton erschallt, ist Gefahr (ein Auto ä.) im Anzug und sie gehen beiseite und setzen sich einfach still ab.

Aber das ist im Grunde „Fein-Tuning" und anfangs nicht elementar wichtig.

Hundeschule ja oder nein?

Dieser Themenbereich wird der vermutlich der am ehesten kontroverse Bereich des Buches werden.

Wer mich persönlich kennt, der weiß um meine Skepsis bezüglich Ausbildung, Training und Arbeit auf dem Hundeplatz.
Trotz der inzwischen gesetzlich deutlich erhöhten Anforderungen an Trainer und Betreiber von Hundeschulen, tummeln sich noch immer schwarze Schafe auf einem beständig wachsenden Markt.

Muss der Welpe zwingend in die Hundeschule?
Hunde sind soziale Partner des Menschen. Dennoch benötigen sie für zahlreiche Lernprozesse die Anwesenheit und Mithilfe von Artgenossen. Welpenkurse sind dabei hilfreich, jedoch bieten sie gleichzeitig den meisten Zündstoff.

Es gehört kein Hund auf den Platz, der jünger als 12 Wochen ist. Der Impfschutz muss komplett sein!
In der Hundeschule ist es wesentlich, dass es reine Welpengruppen gibt, die nach dem Prinzip des *Elternmodells* geleitet werden. Bei diesem Erziehungsprinzip geht es darum, das Tier als hochsoziales Wesen in der Bindung und Partnerschaft zum Menschen gewaltfrei, respektvoll und schmerzfrei zu erziehen.
In einer Gruppe sollten ausschließlich Vierbeiner gemeinsam arbeiten, bei denen Altersgruppe, Größe und Gewicht zueinander passen.
Dulden sie niemals, dass ihr Welpe von einem massigen und älteren Hund überrannt werden kann und/oder im Spiel schier erdrückt wird!
Ein Welpengrundkurs umfasst etwa 8 Stunden und findet nicht häufiger, als 1x pro Woche statt und dann jeweils für maximal 45 Minuten. Die ideale Gruppenstärke sollte bei 6 bis 8 Tieren liegen.

Auf welche Kriterien achtet man bei der Auswahl der passenden Hundeschule?

Nehmen sie sich im Vorfeld die Zeit und schauen sich unterschiedliche Schulen und Trainingsgruppen bei der Arbeit an. Als Betrachter »von außen« fallen ihnen eher Ungereimten auf, als wenn sie bereits mitten im Geschehen sind.

Den Tieren soll Führung widerfahren, jedoch ohne psychischen Schaden zu verursachen. Die Zauberworte heißen Konsequenz, Bindung, Teambildung und Vertrauen.

Ein modern ausgerichtetes und gut ausgebildetes Trainerteam ist nicht rein finanziell orientiert, sondern am Wohl des Hundes interessiert und es arbeitet ambitioniert und mit Freude.

Vor Beginn des Hundeschulkurses sollte ein ausführliches Einzelgespräch mit jedem zweibeinigen Teilnehmer stattfinden. Innerhalb dessen werden die individuellen Bedürfnisse des Vierbeiners, etwaige Schwachstellen im bisherigen Verhalten und der Erziehungsbedarf geklärt. Auch muss über der Charakter des Hundes gesprochen werden. Ist er ein Sensibelchen, oder eher der Draufgänger?

Einige Hundeschulen *würfeln* die Kurse regelrecht zusammen. Hauptsache die Teilnehmerzahl stimmt. Qualität muss an erster Stelle vor Quantität stehen! Leider ist das nicht der Regelfall.

Das ist jedoch kontraproduktiv, da jedes Tier seine eigenen Erziehungsbedürfnisse hat. Es ist wesentlich, dass Vierbeiner gemeinsam trainiert werden, die in etwa den gleichen Trainingsstand aufweisen und deren Ausbildungsziele auf einem einheitlichen Niveau gelagert sind.

Ein qualifizierter Trainer wird von sich aus erklären, nach welchen Methoden er arbeitet und welche Fortbildungen er absolviert (hat). Er wird ihnen auch gern berichten, wie er sich auf dem neuesten Kenntnisstand hält.

Dabei müssen es nicht teure kynologische Fortbildungskurse im Ausland sein! Es reicht bereits völlig, wenn darauf verwiesen (und belegt) wird, dass der Trainer sich über aktuelle Fachlektüre und in kynologischen Zentren auf dem Laufenden hält.

Es gibt auf diesem Sektor fast monatlich aktualisiertes Wissen und neue Erkenntnisse. Ein ambitionierter Hundetrainer wird immer

120

schauen, dass er fachlich am Ball bleibt und die Erziehungsmethoden dem wissenschaftlich aktuellsten Stand entsprechen.

Fragen des Welpenbesitzers sollten innerhalb des Vorgespräches ausbildungsbezogen gut verständlich beantwortet werden. Es reicht nicht aus, zu erklären, dass eine Sache »nun mal so ist, wie sie ist«.

Bitte lassen sie sich nie vom Coach unter Druck setzen, was leider gelegentlich geschieht. Als Hundebesitzer stimmen sie jeder Maßnahme nur *dann* zu, wenn es mit dem eigenen Bauchgefühl vereinbar ist. Nur SIE kennen ihren Welpen und nur SIE wissen, was dem Tier zugemutet werden kann. Auch als Hundeanfänger weiß man recht gut, wie das Tierchen *tickt*.

Im Gegenzug seien sie aber auch empfänglich für Neuerungen, solange diese plausibel und nachvollziehbar vorgebracht und erklärt werden.

Beobachten sie eine Trainingsstunde auf dem von ihnen ausgesuchten Platz.

Gruppen-Klönen der Halter, wilde Spiele der Hunde und Rempeleien unter den Vierbeinern sollten auf dem Hundeplatz tabu sein! Ein sorgfältig ausgebildeter Trainer wird augenblicklich angemessen einschreiten.

Der Satz »die regeln das unter sich« geht dabei überhaupt nicht! Kaum an irgendeiner Stelle findet inzwischen mehr Bullying (Mobbing) statt, als auf den Plätzen der Hundeschulen! Unter den Augen der Ausbilder und von ihnen oft leider ... unerkannt.

Hundeschulen, die Grunderziehung, Hundesport, Agility, Nasenarbeit, Fährtentraining, Mantrailing, Dogdance und Therapiehundausbildung womöglich *alles unter einem Dach* anbieten, sind »Eierlegende Wollmilchsäue«.

Wer viel anbietet, kann unter Umständen nichts davon gründlich, kenntnisreich und mit Sorgfalt ausführen!

Bitte achten sie darauf, dass der Hundetrainer eine fundierte medizinische Grundbildung nachweisen kann!

121

Ein Erste-Hilfe-Kurs reicht da aus meiner Sicht nicht aus. Neben Beraterqualitäten gehört auch solides veterinärmedizinisches Grundwissen zu einem Trainer. Das Wissen über Erkrankungen und Stress beim Tier sind erforderlich.

Wer möchte schon, dass der Welpe mit einem andren Zwerg auf dem Platz arbeitet, der aktuell an Räude leidet?

Körpersprachliche Aspekte bei Hund und Halter sind wesentlich und sollten von einem Trainer beherrscht und in der Erziehung berücksichtigt werden.

Leider wird der Punkt »Kommunikation« auf vielen Plätzen nach wie vor stiefmütterlich behandelt und das Tier hat einfach nur zu gehorchen.

Die korrekt geführte Hundeschule verlangt bei Anmeldung die Vorlage des Impfpasses, einen Versicherungsnachweis und -wenn nötig- die Bescheinigung über den erfolgreich abgelegten Sachkundenachweis.

In einigen Bundesländern gilt der Labrador als sogenannter »großer Hund« und es bedarf einer Qualifikation als Hundeführer zum Halten und Führen des Tieres.

Gewiss haben diese Auswahlkriterien der Hundeschule ihren Preis in Bezug auf den Grundkurs. Stimmt am Ende das Ergebnis, ist der finanzielle Aufwand jedoch gerechtfertigt.

Das alles mag sich recht komplex und kompliziert anhören. Ist es im Grunde aber nicht!

Wissen beim Ausbilder ist wichtig, aber auch nur dann, wenn dieses Wissen zusammen mit einem positiven Gefühl gegenüber dem Trainer und mit Sympathie gepaart ist.

Für einen engagierten Coach steht nie das Geld im Vordergrund, sondern immer Hund und Halter. Ein Mensch, der liebevoll und wissend mit den Vierbeinern umgeht, ist ein gutherziger Mensch, und *der* richtet keinen Schaden an ihrem Welpen an.

122

Wasser - das Element des Labradors

Bereits früh erleben sie, dass ihr Welpe schier magisch von Wasser angezogen wird. Dabei ist es ihm egal, ob es sich nur um eine Pfütze handelt, einen Fluss, einen See oder das Meer.

Betrachten wir die Provenienz -also die Herkunft- unseres Labradors werden wir entdecken, dass diese Vorliebe genetisch verankert ist und seinen Bestand über die Jahre hinweg bewahrt hat.

Wenn auch der Name es vermuten ließe, stammt die Rasse ursprünglich nicht von den Küsten Labradors/Kanada, sondern vielmehr aus Neufundland.

Genetisch betrachtet, ist der Labbi ein kleinerer Bruder des Neufundländers. Seine Wurzeln liegen - soweit wissenschaftlich nachweisbar- in der Abstammung vom St. John's Dog, den wir auch als Newfoundland Water Dog kennen.

Die Fischer Neufundlands benötigten einen Arbeitshund, der dem eiskalten Wasser trotzte und ein ausdauernder Schwimmer war. Seine Aufgabe bestand darin, Fischnetze einzuholen und (vorrangig) verloren gegangenen Fang einzusammeln.

Zeitgleich sollte das Tier jedoch auch zu Lande einsetzbar sein, um Wild aufzustöbern und nach dem Schuss zum Jäger zu bringen - unbeschädigt.

Warum *unbeschädigt*? Zu jener Zeit war es in vermögenden Kreisen üblich, zum Beispiel Fasanen zuzubereiten, anschließend wieder komplett mit den Federn zu dekorieren und dann so aufzutafeln. Wäre das Tier durch den Hund zerrupft, wäre es auf der Speisetafel inakzeptabel gewesen - ein Zeichen der überaus dekadenten Zeit.

Der Hund wurde darauf gezüchtet, *weichmäulig* zu apportieren - also gebrachte Beute nicht durch Bisse zu beschädigen.

Schauen wir uns heute den Fang des Labradors an, erkennen wir die tiefen Lefzen. Sie schützen Beute und sorgen auf natürlichem Wege für Unversehrtheit.

123

Diese Konzeption des Mauls sorgt auch dafür, dass das Tier ungern im Kampf zubeißt. Es würde sich mit hoher Wahrscheinlichkeit selbst im Bereich der Lefzen verletzten.

Etwa gegen Ende des 18. Jahrhunderts kam die Rasse durch den ersten Earl of Malmesbury nach England. Das Potenzial des Tieres als Jagdhund war entdeckt und wurde im Lauf der weiteren Zucht perfektioniert.

Im Jahr 1887 tauchte erstmals die Bezeichnung »Labrador« in einem der Briefe des dritten Earls auf. Dieses Schriftstück beschrieb in begeisterten Worten die wasserabweisende Fellbeschaffenheit und die Otterrute, die die hervorragenden Schwimmeigenschaften des Tieres begünstigt.

Im Laufe der weiteren Zeit und durch die beiden Weltkriege hindurch, entwickelte sich die Rasse langsam und unaufhörlich weg vom Hund für die Jagd, und hin zu seiner Bestimmung als beliebter und gutmütiger Familienhund.

Genetisch betrachtet war und bleibt der Labbi ein Jagdhund und ist entsprechend im FCI (Fédération Cynologique International) als kynologischem Dachverband in der Gruppe 8 Jagd- Wasser- und Stöberhunde klassifiziert.

Die Affinität des Welpen zum Wasser ist also durchaus erklärbar. Dennoch gibt es Exemplare, die wasserscheu zu sein scheinen. Vermutlich deshalb, weil sie nie die Gelegenheit erhielten, sich mit diesem Element vertraut zu machen.

Einen Winzling, der im Herbst geboren wurde, würde ich anfangs nur dosiert baden und schwimmen lassen.

Das Bäuchlein ist noch nackt und unbehaart und in kaltem Wasser lauert dann eine Blasen- oder Nierenentzündung, wenn das Tierchen sich über die Hautfläche auskühlt. Frühlingswelpen dürfen in nicht zu kühlen Gewässern erste Schwimmversuche starten, wenn die Wassertemperaturen bereits gestiegen sind.

124

Sie sind als Welpenbesitzer in Sorge um das Wohlergehen ihres Hundes. Dennoch bitte ich eindringlich, das Tier *weder* an der Schleppleine, *noch* mit Halsband oder Geschirr schwimmen zu lassen!

Jedes Jahr ertrinken Vierbeiner, weil sich die Leinen im Wasser in Treibgut verfangen und die Tiere sich nicht befreien können.

Gemeinsames Baden mit einem Hundekumpel ist toll. Im kollektiven Spiel kann es jedoch passieren, dass die Hunde sich in den Halsbändern und/oder den Geschirren verheddern und qualvoll in den Fluten umkommen!

Ihr Welpe soll aus diesem Grund *nackt* baden. Befreit von Hundegeschirr, Halsband und irgendeiner Form von Leine.

Beginnen sie erste Begegnungen mit dem nassen Element in flachen, übersichtlichen Wasserstellen. Alternativ können sie gemeinsam mit dem Kleinchen schwimmen, was aus meiner Sicht die beste Lösung ist. Das Hündchen wird ihnen angstfrei folgen und notfalls greifen sie ein, wenn den Zwerg die Kräfte anfangs verlassen.

Badeaktionen in tiefen, fließenden Gewässern halt ich grundsätzlich für keine gute Idee! Das Tier kann von der Strömung abgetrieben werden, oder Strudel ziehen es in die Tiefe.

Es gibt ausreichend Möglichkeiten, an flachen Seen und Bächen erste Schwimmversuche zu starten. Wollen sie dem Welpen eine Mega-Show bieten? Dann reisen sie an's Meer. Nirgendwo ist ein Labbi glücklicher und fühlt sich wohler, als dort.

Nach dem Bad wird der Hund gründlich abgetrocknet (zumindest an kühlen/kalten Tagen) und die Ohren müssen daheim (immer) sorgfältig innen getrocknet und gesäubert werden.

Die inzwischen oft gesehenen *Bademäntel* mögen niedlich aussehen, der Hund sollte sie aber nicht anbehalten. Unter dem Stoff bildet sich ein Hitzestau und der schadet massiv dem Kreislauf. Gewissenhaft abgerubbelt, trocknet das Fell von ganz allein. Die schützende Unterwolle des Labradors beugt einer ungesunden Auskühlung vor.

Die Schwimmweste? Ein aktueller Trend aus dem Zoofachhandel.

Ich würde dem ausgewachsenen Hund das Teil nur dann anziehen, wenn ich Hochsee-Segeln gehe und Sorge habe, der Hund geht über Bord und ich kann (je nach Größe des Bootes) nicht fix wenden, um das Tier wieder aufzunehmen. Bei Fahrten mit Hund und Motorboot macht die Rettungsweste ebenfalls einen Sinn.

Allein zum Schwimmen am Meer ist die Weste für den Hund eher hinderlich, als hilfreich.

Fakt ist: Die perfekte Vorsorge ist der begleitende Mensch, der notfalls in die Fluten springt und den Hund rausfischt. Dabei kann man das Tier im Nacken greifen und an Land bringen.

Auslastung im ersten Lebensjahr und das Spiel mit dem Menschen

In der Rassebeschreibung des Labradors steht: *Unterforderte, in ihren Arbeitsanlagen nicht geförderte Hunde neigen dazu, unerwünschte Verhaltensweisen zu entwickeln...*

Zeitgleich heißt es aber auch: *Darüber hinaus ist er ein geduldiger, nervenstarker, angenehmer und kinderlieber Hund, dem das enge Zusammenleben mit seinen Menschen über alles geht und der zu einem ausgewogenen Klima im Zusammenleben der Menschen erheblich beitragen kann ...*
(Quelle Wikipedia)

Mancher Halter scheint sich gerade die erste Aussage sehr zu Herzen zu nehmen. In der Praxis finden sich immer mehr extrem überforderte Tiere mit ausgeprägten Stressmerkmalen bis hin zu Erkrankungen als deren Folge.

Unsere Hunde haben heute den Terminplan eines Top-Managers. Montag Unterordnung. Dienstag Agility, Mittwoch Fährtenarbeit, Donnerstag Rettungsdienst, Freitag Hundewanderungen in Gemeinschaft, Samstag erweiterte Unterordnung und Sonntag (möglicherweise) ein Familientag.
Dazu muss der Hund zusätzlich natürlich bewegt werden, was zuweilen bedeutet, dass am Tag mindestens zwei Spaziergänge á 1 Stunde Minimum durch den übereifrigen Halter auf ihn warten.

Kann sich der erwachsene Hund bereits nicht gegen diese Maßnahmen außer mit Erschöpfungsmerkmalen und Auffälligkeiten wehren, so kann es ein Welpe schon gar nicht. Die körperliche Reaktion? Vorprogrammierte Gelenkschäden und ein *durchgeknallter* kleiner Zerstörer mit einem Haufen unangenehmer Eigenarten und Angewohnheiten.

Ein Winzling, der von sich aus keine Ruhe findet und zwanghaft versucht, den angestauten Stress auf irgendeine Weise abzuschütteln. Wird aus dem Hündchen ein ungestümer Jungspund mit vermeintlichen Macken, dann ist das Drama perfekt und die Verhaltensauffälligkeit wird empört einem Trainer präsentiert. Die Kette des Unheils nimmt seinen Fortgang...! Auf einem weiteren Hundeplatz.

Das erste Lebensjahr ihres Welpen steht ganz unter dem Motto: kennenlernen, Vertrauen bilden und Bindung erzeugen.

Auslastung findet bei meinen Welpen im Kreise der Familie und im Rahmen lehrenden Spiels statt. Die Konzentrationsfähigkeit, die beim Zwerg noch nicht ausdauernd währt, wird genutzt, ohne übersteigert zu werden. Bewegung draußen wird kontrolliert und in Art und Dauer wohl dosiert.

Bedenken wir, was unser Hundekind in den ersten Monaten seines Lebens alles vom Grundsatz her lernen muss, ist es völlig klar, dass wir Menschen nicht noch eine unüberschaubare Menge Lehrstoff nachlegen dürfen.

Entgegen aller gut gemeinten Ratschläge in Foren, Netzwerken und von Hundeschulen *muss* ein Welpe im ersten Lebensjahr *nicht* den Lernstoff für ein ganzes Hundeleben einpauken!

Ernsthafte Übungen können als kleine gemeinsame Aktivitäten und Spiele in den Alltag integriert werden. Hier ein paar Beispiele:

Du darfst an meinen Napf

Ein futterneidischer, verteidigender Hund? Womöglich leben in ihrem Haushalt Kinder, oder sie sind Großeltern und bekommen Enkel-Besuch?
Es ist einfach nur unschön und nicht ungefährlich, wenn der Vierbeiner den Napf verteidigt und im Zweifel auf kleine (und große) Zweibeiner knurrend losgeht.

128

Der Welpe muss beizeiten erkennen, dass wir Futtergeber sind und zu jeder Zeit an den Fressnapf dürfen, ohne als Konkurrenz empfunden zu werden. Diese Maßnahme hat nichts mit der Position des Menschen auf dem Chef-Sessel zu tun! Der Hund muss also lernen, dass niemand ihm das Futter wegnimmt, oder streitig machen will.

Labradore schlingen - sie sind extrem verfressen. Ein Labbi, der um seine Kost bangt, pumpt die Mahlzeit in ungesunder Geschwindigkeit ab.

Füllen sie das Fressen für den Welpen in den Napf und stellen sie diesen auf die Erde. Sie lassen das Hündchen sitz machen und erlauben erst den Zugriff auf das Futter, nachdem sie die Freigabe erteilt haben. Das kann ein Einfaches »nimm's« sein, oder auch ein »okay«. Bei uns heißt es »guten Appetit«, und schon geht es los.

Streicheln sie den Welpen während der Mahlzeit und greifen sie zwischendurch immer wieder mal in den Napf. Setzen sie sich neben die Futterstelle und demonstrieren sie Anwesenheit. Der Zwerg gewöhnt sich daran, dass sie beim Essen in der Nähe sind, das Futter jedoch nicht wegnehmen.

In der ersten Zeit mit dem Welpen dürfen sie gern bei Hund und Napf sitzen und auch ein Häppchen zu sich nehmen. Sie brauchen keine Vollmahlzeit gemeinsam einnehmen - ein Keks reicht vollkommen aus. Eine gemeinschaftliche Mahlzeit verbindet und schafft Nähe.

Hol's und bring's

Sie möchten dem Welpen beibringen, Dinge zu holen und zu ihnen zu bringen? Nichts einfacher als das.

Sie benötigen dazu einen Futterdummy und die bereits an anderer Stelle erwähnte *Feldleine*.

Der Dummy wird mit angenehm riechenden Leckerchen befüllt - gut sichtbar für den Hund. Die Leine wird nun am Halsband befestigt. Sie werfen jetzt den Dummy einige Meter weit. Bei einem winzigen Hündchen reichen 2-3 m vollkommen aus. Ihr Hund wird

129

dem Futterbeutel geschwind hinterherflitzen. Es bekommt dabei das Kommando »such«.

Sobald der Zwerg den Dummy gefunden hat und daran schnüffelt, belobigen sie überschwänglich und da der kleine Vierbeiner an die Leckerchen will, wird er den Futterbeutel in die Schnauze nehmen. Jetzt ist ein superschnelles Timing gefragt, denn sie loben augenblicklich wieder und mit dem Kommando »bring´s« zupfen sie den Welpen an der Feldleine in ihre Richtung, während sie mit der Stimme locken und die Aufforderung zu bringen, wiederholen.

Will der Schlingel mit der Beute ausbüxen, können sie ihn mittels der Leine zu sich holen. Erfolgreich darf die Flucht nicht sein.

Sind Hund und Dummy bei ihnen, ist das obligatorische? Na, was? Jaaaa- ein erneutes Lob ist fällig! Sie öffnen den Futterbeutel und entnehmen ihm ein Goodie, welches sie auf den wieder verschlossenen Dummy legen, von wo es sich der Hund wegnehmen darf. Beuteerfolg!

Bitte übertreiben sie das Übungsspiel nie. Pro Tag und Einheit sollte der Zwerg nicht mehr als 2-3-mal das Futterdummy zu ihnen bringen.

Die Konzentrationsfähigkeit des Welpen ist nur kurzfristig und ein langweiliges Spiel (weil unkonzentriert) verliert auch für den kommenden Tag an Reiz. Übung macht den Meister und mit ihrer Geduld und Ruhe haben sie bald einen Hund, der voller Freude Dinge apportiert, die sie vorher geworfen haben.

Der winzige Retriever wird seinem Namen alle Ehre machen. To retrieve... zurückholen.

Das Hasenspiel

Hunde raufen gern im Spiel. Welpen tun es auch und ... sie lernen aus diesen zuweilen etwas ruppigen Spielarten.

Balgen sie mit ihrem Kleinchen. Es kann Kräfte messen und Reaktionen austesten. Sie nutzen diese Variante des Spiels, um dessen Beginn und auch Abbruch zu kontrollieren. Das stärkt ihre Position, ebenso wie ein Spielabbruch, weil der Winzling zu unfairen Waffen greift und die spitzen Zähnchen einsetzt.

130

Beobachten sie einen Welpen im Match mit einem erwachsenen Tier, so fällt auf, dass auch der ausgewachsene Hund durchaus im gemeinsamen Spiel einmal auf dem Rücken liegt und der Zwerg einen Schein-Sieg einfährt.

Wer will schon immer der Verlierer sein? Gönnen sie dem kleinen Racker einfach auch mal einen Sieg und werfen sie sich aufs Kreuz und lassen sich behüpfen. Ihre Führungsqualitäten werden dadurch nicht angekratzt und ... sie werden auch keinesfalls angezweifelt. Ein super Kumpel spielt mit.

Beachten sie bei Raufspielen bitte, dass sich alles auf einer Größenebene abspielen soll. Also runter auf die Knie und los geht es. Sie dürfen wuffeln, knurren, quieken und grunzen. Mit anderen Worten: Je mehr sie sich zum Affen machen, desto großartiger ist es für den Vierbeiner.

Spielen sie den Hasen und *flüchten* vor dem Hund. Beobachten sie die Reaktion des Tierchens. Beim Spiel insgesamt bietet sich die Möglichkeit, die Körpersprache des Welpen zu studieren. Wann weicht er zurück und ab wann geht er mutig nach vorne. Wie ist seine Response auf die unterschiedlichen Aktionen?

Im Gegenzug hat der Welpe die Chance, ihre mimischen und gestischen Ausdrucksformen genau zu beobachten und für sich abzuspeichern.

Sie sehen, es gibt eine Menge Spiele zwischen ihrem vierbeinigen Nachwuchs und ihnen, die neben viel Spaß auch einen Lerneffekt enthalten. Es muss wahrhaftig nicht die viel gepriesene Auslastung bei hündischer Arbeit sein.

Nutzen sie das erste Lebensjahr mit ihrem Welpen, um sich ausgiebig zu beschnuppern und kennenzulernen.

Glauben sie mir: *Kein* Labrador, der so beschäftigt wird, wird die eingangs erwähnten *unerwünschten Verhaltensweisen* entwickeln! Dafür entwickelt sich ihr Vierbeiner zu einem hochsozialen und verstandenen Familienmitglied, zu einem Kumpel und vertrauten Freund.

Die erste Hitze und Scheinträchtigkeit

Hunde kleiner Gattungen werden häufig bereits im Alter von 6 Monaten erstmalig heiß. Der Labrador gehört zu den großen Rassen und im Normalfall wird ihre Hündin mit etwa 9 Monaten in die erste Hitze gelangen.

Die Läufigkeit kennzeichnet bei den Mädels das Einleiten des Fruchtbarkeitszyklus. Dabei kommen Vierbeiner nicht wie Menschenfrauen in die Wechseljahre. Ihre Fruchtbarkeit dauert ein komplettes Leben an.

Der Labrador leitet pro Jahr zwei Hitzen ein: im Frühjahr und im Herbst. Die Natur hat es so eingerichtet, dass die Hündinnen - unabhängig von Lebensgemeinschaften-, alle zur etwa selben Zeit läufig werden. Warum? Eine biologische Sicherungsmaßnahme für den Fortbestand. Nennen wir es *Konkurrenzdenken*. Jedes Tier möchte die Chance auf Fortpflanzung für sich in Anspruch nehmen. Das funktioniert jedoch nur, wenn Rüden die Gelegenheit bekommen, die geeignete Wahl zu treffen und die Hündin ihre Vorteile im Wettbewerb mit Konkurrentinnen zur Schau stellen kann. Angebot und Nachfrage regeln dieses Geschehen.

Werden mehrere vierbeinige Mädels auf engstem Raum gehalten, so kann der Hitzezyklus der geschlechtsdominanten Tiere den Zyklus der Defensiven de facto unterdrücken. Im Gegenzug kann eine Hündin jedoch - durch ein in der Nachbarschaft lebendes heißes Tier - in gewisser Weise *stimuliert* sein, ebenfalls die Läufigkeit auszubilden.

Wie bei Menschenfrauen, so ist der Zyklus auch bei den Hündinnen ein komplexes Zusammenspiel diverser Faktoren.

Der Hormonhaushalt mit seinem Status, die psychische Verfassung, der Ernährungszustand, der Gesundheitszustand und die

Haltungsbedingungen, sowie sogar Witterungseinflüsse spielen eine Rolle und beeinflussen das Zyklusgeschehen.

Die Läufigkeit verläuft in zwei Ebenen und drei unterschiedlichen Phasen. Ihre Hündin wird dabei Veränderungen im psychischen und im physischen Bereich zeigen.

Phase 1 - die Vorbrunst

Der Körper ihres Tieres stellt sich äußerlich auf die Hitze ein. Die Vulva (im Fachjargon *Schnalle* genannt) schwillt deutlich an und gleicht optisch einer reifen, getrockneten Feige. Manche Hündinnen zeigen dabei eine ausgeprägt leuchtend rote Verfärbung der Vulva, die aus der extremen Durchblutung resultiert.

Es wird jetzt nur noch kurze Zeit dauern, bis erstmals Blutströpfchen den Eintritt der Läufigkeit anzeigen. Wenn sie den Fortschritt kontrollieren möchten, können sie vorsichtig mit einem sauberen Papiertaschentuch den Innenrand der Schnalle abtupfen. So haben sie die Möglichkeit, erste Blutungsanzeichen auszumachen.

Das anfangs austretende Blut zeigt eine tiefrote Farbe, die bisweilen auch bräunlich ausfallen kann. Mit Fortschreiten der Hitze verfärbt sich die Blutung und wird heller und intensiver in der Menge.

Ein erfahrenes Tier reinigt sich in dieser Zeit hingebungsvoll. Ihr Jungspund wird vermutlich nicht registrieren, *was genau* momentan körperlich passiert und so heißt es für sie als Halter: putzen und auf Hygiene achten.

Das Verhalten in der Vorbrunst

Ihre Hündin markiert auf Spaziergängen auffällig viel und in winzigen Mengen. Das passiert an exponierten Stellen, die das Tier für geeignet hält, um auf sich und die künftige Paarungsbereitschaft hinzuweisen.

Noch ist die Lady jedoch nicht bereit, sich auf ein Geplänkel mit einem Rüden einzulassen. Wird ein Kavalier zu aufdringlich, wird

134

sich die junge Dame einfach hinsetzen. Im Zweifel hilft eine deutliche Ansage und Abmahnung gegenüber dem Casanova.

Die Vorbrunst verändert ihre Hündin unter Umständen drastisch. Die Ohren stehen auf Durchzug, und alle erlernten Kommandos scheint es nie gegeben zu haben. Das Tier ist schreckhaft und wirkt nervös und rasch verstört.

Alte Freundinnen mutieren zu Erzfeindinnen und umgekehrt. Aus Zicken werden Lämmchen und aus ansonsten liebevollen Mädels stänkernde Oberzicken. Der Facettenreichtum des Verhaltens ist enorm.

Wunderlich scheint auch die Nahrungsaufnahme. Einige Tiere zeigen echte Gelüste hinsichtlich der Ernährung und werden zu wandernden Mülleimern, in denen alles verschwindet. Andere entwickeln sich mäkelig und legen eine Diätphase ein.

Man kann sagen, was man will: Die Mädels erscheinen sonderbar und verschroben. Gottlob bleibt das kein Dauerzustand!

Wichtige Halterinfo!

Bitte lassen sie das Tier jetzt nicht mehr in unsauberen und stehenden Gewässern schwimmen! Der Scheidenkanal ist weit geöffnet und Keime und Bakterien dringen ungehindert ein! Die Folge? Gebärmutterentzündungen, Blaseninfekte und Harnwegsprobleme! Baden im heimischen Garten im Hundepool mit reinem Wasser ist gestattet, solange ein täglicher Wasserwechsel erfolgt. Ansonsten? Die Badeerlaubnis gibt es erst dann wieder, wenn die Vulva sich komplett rückgebildet hat und im normalen Bereich geschlossen ist!

Phase 2 - die Brunst

Zwischen dem 9. und dem 16. Tag der Blutung verändern sich Farbe und gelegentlich auch die Konsistenz des Blutes.

Für sie als Halter beginnt ab diesem Moment die Zeit der genauen Beobachtung. Wenn die Färbung des Zyklusblutes hellrosa bis schleimig klar wird und eher einem Ausfluss gleicht, dann ist das Tier in den sogenannten *Stehtagen*.

Grundsatz: In der Brunst finden mehrere Eisprünge meist zwischen dem 2. und dem 4. Tag statt. In diesem Zeitrahmen liegen die fruchtbaren Tage der Hündin.

Die Schnalle ist noch immer geschwollen und gut durchblutet, wird aber langsam kleiner und weicher.

Die Brunst dauert zwischen 3 und 17 Tagen und variiert bei den Tieren und damit differiert auch die Deckbereitschaft.

Eine mit dem Zyklus vertraute Hündin klappt jetzt die Rute beiseite, wenn sie ihr sanft den Rücken streicheln. Zuweilen reichen ein liebesvolles Kraulen und ein freundlicher Blick dazu bereits aus. Dieses Verhalten signalisiert Deckbereitschaft und wird davon begleitet, dass die Schnalle nach außen gestülpt wird, um dem paarungswilligen Rüden das Eindringen beim Geschlechtsakt zu erleichtern.

Dieser Zeitpunkt wird als Stehzeit bezeichnet!

Um zu vermeiden, dass ihre Hündin ungeplant gedeckt wird, gehen sie Rüdenkontakten jetzt tunlichst aus dem Weg.

Einen aufdringlichen Rüden zu diesem Zeitpunkt abzuwehren, ist mehr als problematisch. Vergessen sie bitte nicht: Ihre Hündin ist paarungsbereit und *will* - ohne Wenn und Aber - naturgegeben ein Rendezvous, bei dem es zum Geschlechtsakt kommt.

Das Verhalten in der Brunst

Die Hündin wird sich jetzt daheim anschmiegsam und liebesbedürftig zeigen. Draußen auf dem Spaziergang? Sie werden sich wundern, *wie* wenig ein Hund hören kann.

Es zählen nur noch der Paarungswunsch und die Suche nach einem passenden Vater für die erwünschte Welpen Schar.

136

Die Zeit innerhalb der Brunst, in der reife Eier zur Befruchtung bereitstehen, nennt man *Hochzeit.* Der Zeitraum dauert circa 72 Stunden an.

Als Mensch ist es nicht erfassbar, wann diese Zeitspanne exakt eintritt (außer mit einem medizinischen Test). Ihre Hündin und auch jeder Rüde im Umkreis wissen jedoch treffsicher, wann der geeignete Zeitpunkt für eine erfolgreiche Paarung gekommen ist.

Um als Halter die Kontrolle zu behalten, muss man in den folgenden 10 Tagen sorgsam auf die Hündin achten und sollte sie nie aus den Augen lassen.

Unterschätzen sie nie einen paarungswilligen Rüden! Ein hoher Zaun um ihr Grundstück? Im Zweifel wird auch er nicht zu einem Problem, denn der Casanova wird sich zum Tiefbau-Ingenieur entwickeln - in rasantem Tempo.

Ihr eigener, sonst so folgsamer Schatz, mutiert in dieser Zeit zur hemmungslosen Lebedame, die nur allzu gern mit jedem Kerl um die nächste Ecke verschwindet.

Zeigen sie sich umsichtig und lassen sie die Hündin auf Spaziergängen angeleint. Im Idealfall laufen sie zu Uhrzeiten, in denen sie keine Rüdenkontakte vermuten.

Phase 3 - die Nachbrunst oder auch »Rückbildungsphase« genannt

Das Ende der Stehzeit können sie klar erkennen. Die Schnalle bildet sich zurück und die Durchblutung der Vulva normalisiert sich. Ein restlicher, transparenter und leicht schleimiger Ausfluss klingt zügig ab.

Das Verhalten ihrer Hündin ihnen gegenüber entspannt sich sichtbar. Die Rute wird bei Streicheleinheiten nicht mehr beiseite geklappt. Manche Hündinnen gehen in dieser Zeit engen körperlichen Berührungen aus dem Weg.

Verhalten in der Nachbrunst

Das ständige Markieren stellt sich ein und das Tier leert nun die Blase erst wieder, wenn sie gefüllt ist. Rüden werden vehement abgewehrt und im Zweifel ärgerlich verbissen und abgeschnappt.

Hündinnen riechen nach der Hitze noch eine geraume Weile attraktiv für die Herrenwelt. Es hat sich als probat erwiesen, den Hinterleib mit Wasser und etwas Obstessig abzuwaschen. In hartnäckigen Fällen sind Chlorophyll-Tabletten wirksam zur Geruchstilgung.

Alte Freundinnen werden ab der Nachbrunst wieder freundlich begrüßt und alte Feindschaften flackern erneut auf.

Auch die Ohren *funktionieren* aufs Neue. Dem gewohnten Alltag steht nichts mehr im Wege.

Der Hormonhaushalt der Hündin benötigt circa 75 Tage, um sich nach der Läufigkeit komplett zu normalisieren.

Zahlreiche Tiere leiden im Nachgang zur Hitze unter der Scheinträchtigkeit, auch Scheinschwangerschaft genannt.

Sie setzt um den 60. Tag nach Ende der Blutung ein, kündigt sich aber im Vorfeld bereits an.

In diesem Zeitrahmen hat sich die Gabe von Pulsatilla-Globuli als beschwerdelindernd erwiesen.

Die Tragzeit einer mit Erfolg verpaarten Hündin beträgt durchschnittlich 63 Tage und ist leicht variabel durch die Größe des erwarteten Wurfs. An der Dauer der Schwangerschaft orientiert sich die Scheinträchtigkeit der nicht gedeckten Hündin.

Ihr Hund wird (stark vereinfacht ausgedrückt) innerlich der Auffassung sein, arterhaltend tätig werden zu müssen.

Greifen wir zum besseren Verständnis zurück auf die Wölfe. Nur die Alpha-Wölfin wird gedeckt. Die Tiere bekommen nur ein einziges Mal im Jahr Nachwuchs. Passiert dem Muttertier etwas, muss augenblicklich eine Amme zur Verfügung stehen.

Untergeordnete Wölfinnen bilden zeitgleich zur Leitwölfin Milch aus. Sie können die Notversorgung des Wurfes übernehmen und damit dazu beitragen, dass das Rudel erhalten bleibt und wächst.

Nicht alle Haushündinnen zeigen in gleicher Art und gleichem Umfang Ausprägungen zu Scheinträchtigkeit.

Zuweilen bildet sich das Gesäuge innerhalb von 60 Tagen nach der Brunst deutlich aus und das Tier gibt Milch. Spielzeuge werden

138

gehortet und bemuttert. Die Hündin ist extrem verschmust und zärtlich eingestellt.

Manche Ladies sind eher auf Krawall gebürstet und neigen zu zerstörerischem Tun. Es ist dem inneren Stress geschuldet.

Tipp:
Streicheln sie bei Milchbildung nicht den Bauch des Tieres. Das würde den Milchfluss noch mehr anregen.

Kühlen sie stattdessen den Bereich der Milchleisten. Hilfreich sind Umschläge mit einer Mischung aus Wasser und etwas essigsaurer Tonerde. Prägt sich das Gesäuge extrem aus, hilft der Tierarzt mit einer leichten Hormongabe, den Zustand fix zu beenden. Bedenken sie, dass ihre Hündin Schmerzen hat!

Bis vor einiger Zeit hieß es noch, man soll dem mutternden Tier jegliches Spielzeug abnehmen. Nach aktuellem Kenntnisstand ist ein solches Tun psychisch belastend. Immerhin sind Spielsachen ein Ersatz für real existierende Welpen. Entfernen sie Spielwaren, nehmen sie ihrem Hund seinen Pseudo-Nachwuchs fort.

Ein gewaltiger Vertrauensbruch, der (im unglücklichsten Fall) dazu führen wird, dass Kummer, Leid und seelischer Schmerz den Hund bedrücken und ... das Vertrauen in sie als Halter leidet.

Achten sie auch in dieser Zeit weiterhin auf Anzeichen einer Gebärmutterentzündung.

Übel riechender Ausfluss, Abgeschlagenheit, vermehrtes Trinken und Fieber kündigen die Erkrankung an. Der Gang zum Tierarzt darf auf keinen Fall verschoben werden! Gebärmutterentzündungen können unbehandelt innerhalb kürzester Zeit zu Vereiterungen und damit zum Tod des Hundes führen.

Jede Hündin hat einen Zyklus mit einzigartigem Verlauf. Mit jedem weiteren Jahr mehr werden sie als Halter lernen, zu beobachten und so zu reagieren, wie es die Situation erfordert.

Rechnen wir die Zeitspanne vor der einsetzenden Läufigkeit bis zum Ende der Scheinschwangerschaft, durchlebt das Tier pro Jahr bei zwei Hitzen insgesamt etwa 6 Monate, in denen es hormonell durcheinander ist. In Teilbereichen wird sie nicht »sie selbst« sein und ihnen wunderlich und zuweilen nervig erscheinen.

Bitte haben sie Verständnis dafür und behandeln sie das Tier mit dem notwendigen Einfühlungsvermögen.

Denken sie an andere Hundehalter - nicht nur die, die einen Rüden führen. Meiden sie in der Stehzeit Freilaufflächen und Hundeplätze. In der Hundeschule, oder der Sportgruppe hat ihr Hund in dieser Zeit absolut nichts zu suchen!

In freier Wildbahn wären läufige Hündinnen privilegiert - quasi »Alpha«.

Unsere domestizierten Vierbeiner reagieren in der Zeit der Hitze häufig entsprechend dominant. Wobei *Dominanz* im Konsens des Verhaltens zwischen zwei Artgenossen wissenschaftlich tatsächlich korrekt ausgedrückt ist.

Machtkämpfe unter zwei Hündinnen sind nicht nur anstrengend und unangenehm. Im Gegensatz zu Rüden fechten die Damen keine Scheingefechte aus! Geraten zwei Mädels aneinander, verlaufen diese Auseinandersetzungen äußerst extrem und können durchaus für ein Tier tödlich enden!

Es ist nicht unnormal, wenn eine läufige Hündin einen Rüden zu Macht- und Revierkämpfen herausfordert. Bitte entlasten sie andere Hundehalter, indem sie unnötige Kontakte umgehen, oder meiden.

Ein paar Worte zur Verhütung ...

Bei aller Sorgfalt kann es zu einem unerwünschten Deckakt kommen. Ein Veterinär kann die Schwangerschaft unterbrechen. Das ist kein risikoarmer und harmloser Eingriff! Vermeiden sie unbedingt, dass es soweit kommt! Es liegt in ihrer Hand, die Verantwortung zu tragen und entsprechend auf ihr Tier achtzugeben.

Leider kann man sich nicht auf die Einsichtsfähigkeit grinsender Rüdenbesitzer verlassen, die meinen, ihr Bube solle mal *so richtig* Spaß haben.

Passiert ein ungewollter Deckakt aufgrund fahrlässigen Verhaltens des Hundehalters vom männlichen Part des Geschehens, so steht

140

dieser für alle entstehenden *Schäden* in Haftung! Sprich: *Er* zahlt den Abbruch der Schwangerschaft oder (bei Austragen) sämtliche Kosten der Versorgung, Geburt und Aufzucht der Welpen bis zum Zeitpunkt der Vermittlung. Dazu benötigen sie jedoch einen Zeugen und genau *das* ist oftmals der Knackpunkt.

Wenn sie als Halter nicht die Verantwortung für die Verhütung während eines langen Hundelebens übernehmen wollen, oder ihre Hündin durch die hormonelle Belastung zu sehr leidet, gibt es unterschiedliche Möglichkeiten der Empfängnisverhütung.

Die Kastration ist *die* Lösung, die unter Hundehaltern zu erbitterten Diskussionen führt. Ich kann und werde an dieser Stelle keinerlei Empfehlungen aussprechen und beschränke mich einzig und allein auf die Nennung verschiedenen Varianten der Verhütung.

Folgen sie ihrer Intuition, wenn es darum geht, was für ihre Hündin gut und richtig ist. Konsultieren sie 2-3 unterschiedliche Veterinäre und lassen sich beraten. Beleuchten sie das Für und Wider fachlich von allen Seiten und mit jeglichen Aspekten zum Wohl des Hundes.

Verhütungsmethoden die häufig angewandt werden

Die <u>Hormonspritze</u> zur Unterdrückung der Läufigkeit wird leider noch immer von manchen Tierärzten empfohlen.

Unter dieser Methode kommt es überproportional oft zu Gebärmuttervereiterungen und zur Bildung von Gebärmutterkrebs.

Ältere Hündinnen sind nach einem langen Leben mit Hormonbehandlungen stark von Nebenwirkungen betroffen. Die Verfahrensweise scheint nicht empfehlenswert und veraltet.

Bei der <u>totalen Kastration</u> werden sowohl die Gebärmutter als auch die Eierstöcke entfernt. Es handelt sich um eine »große Operation«, die aufgrund von Umfang und Dauer risikobehaftet ist. Der Bauchschnitt hat eine Länge von 20 bis 30 cm. Die Gebärmutter der Hündin liegt eng am Blasenschließmuskel. Ist der Operateur ungenau, kann dieser Muskel verletzt werden. Es besteht weiterhin das Risiko einer Blasenabsenkung. Beide Folgen ziehen (auch einzeln auftretend) unter Umständen eine Inkontinenz des Tieres nach sich. Die Op-Nachsorge ist aufwendig und die Schonphase nach dem Eingriff verhältnismäßig lang.

Der Hormonspiegel stürzt regelrecht ab, was psychisch für das Tier nicht problemlos ist. Jedoch ist die Hündin in der Folge ausgeglichener und stressfreier als unkastrierte Artgenossinnen. Die Blutungen bleiben komplett aus.

Bei der Teilkastration wird die Gebärmutter entfernt sowie ein einzelner Eierstock. Bei diesem Verfahren nehmen Rüden auch weiterhin den markanten Duft der Hündin wahr, zu dem Zeitpunkt, in dem die Hitze eingesetzt hätte. Dem Tier bleibt Resthormon übrig, ein *Absturz* der Hormone erfolgt mithin nicht.

Jedoch auch bei dieser Methode entsteht das Risiko der Inkontinenz durch einen Operationsfehler. Da es ein räumiger Eingriff ist, besteht die Gefahr von Nachblutungen, Entzündungen und letztlich ist es ein langer Bauchschnitt.

Der nicht zu leugnende Vorteil der Teilkastration liegt darin, dass die Hündin von Geschlechtsgenossinnen auch weiterhin als *intakt* wahrgenommen wird und damit als *vollwertig*.

Die Blutungen bleiben auch hier komplett aus.

Die laparaskopische Kastration ist unbestritten der modernste Weg zur totalen Empfängnisverhütung und ... der schonendste. Kaum postoperative Schmerzen, keine Nachblutungen und annähernd sofortige, volle Beweglichkeit. Eine minimierte Narbenbildung überzeugt neben den vorgenannten Vorteilen bei dieser Art des Eingriffs.

Eine postoperative Versorgung ist lediglich im schlanken Umfang notwendig.

Mittels zweier winziger Schnitte werden die Eierstöcke entfernt und die Blutgefäße verschlossen. Die Gebärmutter bleibt erhalten und *verkümmert* in der Folge. Die Hündin erlebt keinen hormonellen

142

Absturz, sondern nur das langsame, stetige Absinken des Hormonspiegels ohne fühlbare Probleme. Blutungen bleiben aus.

Immer wieder wird gegen die Kastration auch argumentiert, dass die Hündinnen dick und träge werden und eine Neigung zum sogenannten *Babyfell* entwickeln, bei dem das Haarkleid flauschig wird.

Meine eigenen Tiere sind durchgängig kastriert.

Keine Hündin wurde dick, keine bekam ein Flauschfell und auch keine veränderte sich im Wesen, außer, entspannter dem Alltag folgen zu können und konzentrierter beim Lernen zu sein. Inkontinenz? Haben wir nach einem Eingriff nie erlebt.

Die vorgenannten Methoden gehören vom Grundsatz her in ein Buch über Hundeerziehung. Dabei können und dürfen sie in keiner Weise meine persönliche Auffassung zum Thema Kastration darstellen.

Auch sollen sie nicht den Anreiz bieten, sich von einer vermeintlich »lästigen« Verpflichtung des Halters zu Fürsorge und Obacht in der Läufigkeit der Hündin mittels operativer Einwirkung zu befreien.

Die Entscheidung zu einem solch gravierenden Eingriff kann immer nur zum Wohl des betreffenden Tieres fallen. Eine sorgfältige Nutzen-Risiko-Einschätzung darf dabei nicht unterbleiben!

Zu guter Letzt!

Aus den USA schwappt ein Trend nach Deutschland, der sowohl grob fahrlässig, als auch moralisch verwerflich ist: die Frühkastration.

Man erwartet sich von einem erdenkbar frühen Eingriff (noch vor der ersten Läufigkeit), das Kindchenschema der Hündin zu erhalten - sie quasi zum *ewigen Welpen* zu degradieren.

DAS funktioniert nur verhaltenstechnisch! Dem Tier wird die Möglichkeit genommen, sich in Normalität zu entwickeln und dabei auch einen erwachsenen Geruch auszubilden.

Häufig leiden Frühkastraten ein komplettes Leben unter Verhaltensauffälligkeiten wie Angst, Unsicherheit und fehlerhafter Prägung. Ein weiterer Nachteil ist, dass Artgenossen den Frühkastraten als nicht vollwertig, sondern fortwährend als juvenil wahrnehmen.

Eine soziale Ausgrenzung erfolgt, die dem betroffenen Tier signifikanten psychischen Schaden zufügen kann.

Wie bereits eingangs erwähnt: Holen sie sich bei vorliegendem Interesse unterschiedliche Fachmeinungen zur Katration ein. Bitte lassen sie sich dabei niemals nötigen, ihren Welpen/Junghund früh unter das Messer zu schicken. Es gibt keinen einzigen *wirklich* überzeugenden Grund dafür!

Auch wenn man noch vor Jahren behauptete, eine frühzeitige Kastration sei ein Garant, dass die Hündin weder Gesäugeleistenkrebs, noch Gebärmutterkrebs bekommen kann, so hat sich die Aussage nie wissenschaftlich bestätigen lassen. Allein ... das Gerücht hält sich weiter hartnäckig.

Der Hitzezyklus des Tieres ist ein normaler Vorgang und keine Laune der Natur! Bitte bedenken sie diesen Umstand bei ihrer Entscheidung pro oder kontra Empfängnisverhütung.

Stress beim Hund

Wenn sie dieses Thema beim Tierarzt ansprechen, ernten sie mancherorts noch immer ein mildes Lächeln.

Was bei uns Zweibeinern bereits lange als schwerwiegende Erkrankung unter dem Namen *Burn-out* bekannt ist, wurde den Tieren bislang häufig verweigert: krankmachender Stress. Die Seele angreifend und begleitet von vielen Krankheits- und Verhaltensauffälligkeiten.

Hunden sprach man früher Emotionen in menschlicher Dimension annähernd vollständig ab. Wissenschaftliche Untersuchungen in einem Tomographen zeigten eindeutig: Vierbeiner empfinden Freude, Trauer und Empathie.

Bei entsprechenden Reizauslösern reagierten die betroffenen Hirnregionen nachweisbar. Wir Menschen akzeptierten den Hund als empfindsamen Gefährten, weigerten uns jedoch gleichzeitig hartnäckig, negative Begleiterscheinungen des hochsozialen Lebewesens hinzunehmen. Dass Hunde *überhaupt* Stress empfinden, ignorieren manche Halter bis heute beharrlich. Einige Veterinäre leider auch ...

Betrachten wir das Hundeleben einmal genauer.

Ähnlich wie beim Menschen, bestimmen Hektik, Reizüberflutung, hohe Anforderungen und »funktionieren müssen« heute viele Tierleben. Die Vierbeiner werden gleichsam in einen Strudel unterschiedlicher Ansprüche eingesogen.

Die Prätentionen eines Lebens in der Stadt mit Lärm, Gerüchen und fehlende Freilaufflächen. Selbst auf dem Land wohnen unsere Hunde immer reglementierter. Leinenzwang ist auch in dörflichen Regionen heute normal.

Hundehalter gehen arbeiten, während die Tiere daheim geduldig auf ihre Familien warten. Das Leben spielt sich mehr in begrenzten Wohnungen, als in Häusern mit Garten ab.

Auffallend ist, dass Hunde inzwischen mehr und mehr zu Zerstörern mutieren. Oft bellen sie daheim stundenlang und zeigen Verhaltensauffälligkeiten wie Aggression, Angst und Unsicherheit. Hundehalter können sich das nicht erklären und reagieren mehr oder minder verständnislos und verärgert.

Wölfe verlassen den Lagerplatz des Rudels für Revierkontrollen und zum Schlagen von Beute. Hunde, denen man heutzutage noch immer gern unterstellt, *Stubenwölfe* zu sein (was sie keinesfalls sind ...) werden mehrmals täglich ausgeführt. Dabei stellt sich dem Menschen nie die Frage, ob der Vierbeiner dazu Lust hat, oder nicht. Arbeit und Auslastung müssen sein.

Es ist ein menschliches, ein vermenschlichendes Empfinden, ein schlechtes Gewissen zu haben, weil das Tier so lange am Tag sich selbst überlassen ist. Um dieses Gefühl zu tilgen, beschäftigen wir unseren Vierbeiner bis zur totalen emotionalen und körperlichen Erschöpfung.

Wer gut ausgelastet ist, der kommt auf keine dummen Gedanken. Wer hingebungsvoll und ausdauernd rennen kann, der fühlt sich anschließend müde und vermisst uns nicht, wenn wir abwesend sind.

Wir bewegen und trainieren, was das Zeug hält. Platztraining, Mantrailing, Agility, Dummyarbeit und notfalls die Jagd mit der Reizangel - Hauptsache, der Hund ist fertig und damit nach unserer Auffassung »zufrieden und müde«.

Dabei reden wir uns auch gleich noch die Geschichte von der stattgefundenen, artgerechten Beschäftigung ein.

Artgerecht? Eher eine vermeintliche Auslastung, die den Vierbeiner stresst und krank macht.

Schauen wir uns einmal das Stressgeschehen bei Hunden genauer an und damit die kausalen Zusammenhänge zu Krankheit und Auffälligkeit.

Faktoren, die zu Stress führen, nennt man medizinisch-wissenschaftlich *Stressoren*.

Folgende Auslöser kennen wir:

- innere Stressoren
- äußere Stressoren
- Leistungsstressoren
- soziale Stressoren
- Stressoren bei Nichterfüllung von primären caniden Bedürfnissen
- psychische Stressoren

Es ist erschreckend, wie viele Auslöser wir in diesem Moment bereits erkennen und auf die ein Hund reagiert und die es körperlich zu bewältigen gilt.

Solange der Halter im Hinterkopf geparkt hat »Es ist nur ein Hund!«, solange finden wir keinen Weg, unser Tier zu entschleunigen und damit zu einem entspannteren Leben zu führen.

Was passiert bei Stress mit dem Hund?

Wir schauen uns die Liste der Stressoren an und stellen uns vor, der Hund wird von einem Auslöser betroffen.

Wird der Stressor über eines der Sinnesorgane wahrgenommen (unser Rüde sieht einen anderen Rüden), aktiviert der Hundekörper augenblicklich den Sympathikusnerv.

Als Teil des vegetativen Nervensystems kann der Sympathikus *nicht* gesteuert werden! Er sorgt dafür, dass Adrenalin aus dem Nebennierenmark ausgeschüttet wird. Das nun erfolgende Zusammenspiel von Sympathikus und Adrenalin bewirkt, dass der Kreislauf des Tieres extrem angeregt wird. Der Hundekörper reagiert mit Wachsamkeit, extremer Energieausschüttung und einer allgemeinen Schärfung der Sinne.

In der Natur ist dieses Geschehen als überlebenswichtig und *positiv* zu betrachten. Der Prozess geschieht in Sekundenbruchteilen und wird vom Tier selbst nicht wahrgenommen.

In der Wissenschaft sprechen wir von der *Alarmreaktionsphase*.

Das Hundegehirn sammelt alle Sinneseindrücke und verarbeitet sie. Es ist an der Zeit, dass ein besonderer Teil des Zwischenhirn in's Spiel kommt: der Hypothalamus.

Hier werden Botenstoffe freigesetzt, die das übrige Szenario im Gehirn bestimmen, denn sie wirken auf die Hypophyse, die einen weiteren Botenstoff freisetzt.

Auch das Adrenalin wirkt auf die Hypophyse ein. Daraus entsteht ein Botenstoff, der sich ACTH nennt.

Das ACTH hat Wirkung unmittelbar auf die Nebennierenrinde und als Folge werden unterschiedliche Hormone freigeschaltet. Dabei handelt es sich neben anderen vorrangig um Aldosteron, diverse Sexualhormone und Cortisol.

Aldosteron ist zuständig für den Wasserhaushalt im Tierkörper. Bei Stress trinken Hunde vermehrt und im Endeffekt urinieren sie entsprechend viel. Daran erkennt man bereits die Ausschüttung des Hormons.

Sexualhormone haben eine erhöhte Verteidigungsbereitschaft zur Folge und ... verstärkte Aggression.

Cortisol ist ein Hormon mit entzündungshemmender Wirkung und trägt eine besondere Bedeutung bei körperlich extrem belastenden Situationen.

Der Hundekörper ist damit meisterhaft ausgerüstet, sich dem Stress wirkungsvoll zu stellen.

Die Ausschüttung der drei genannten Hormone hat für den Organismus weitreichende Bedeutung. Im Zusammenspiel verursachen sie die sogenannte »negative Rückkopplung«. Dabei haben sie einen bremsenden Effekt auf die Hypophyse und den Hypothalamus. Sie sorgen dafür, dass der Körper nach einer Stresssituation die Hormonproduktion auf ein normales Maß drosselt.

Während wir Menschen Stress relativ fix abbauen und innerlich abschütteln können, benötigt der Hundekörper für diesen Prozess bis zu 36 Stunden.

148

Aber wo ist jetzt das Stress-Problem beim Vierbeiner?

Wird unser Hund zu häufig und/oder zu lange Stressoren ausgesetzt, bildet sich zügig in der Folge ein dauerhaft erhöhter Hormonspiegel, der schwere gesundheitliche Schäden mit sich bringt.

Das Cortisol hemmt das Immunsystem und bremst es aus. Die Konsequenz? Das Tier wird anfälliger für Infekte. Der permanent auf Hochtouren laufende Kreislauf schädigt das Herz. Magen- und Darmerkrankungen stellen sich ein.

Medizinisch bezeichnet man das als *Anpassungskrankheiten*.

Dazu kommt erschwerend, dass der dauerhaft hohe Testosteronspiegel zu einem deutlich erhöhten Aggressionsverhalten führt.

Wie stellt sich die Situation im täglichen Hundeleben dar?

Wir kennen sie: Die Balljunkies, die scheinbar ohne Bällchen keine Erfüllung finden können und dafür leben, dauerbespaßt zu werden.

Es ist *nich*t die Lust am Spiel, die diese Hunde vorantreibt! Vielmehr handelt es sich um einen permanenten Hetzimpuls, der grundsätzlich normal ist - bei Wildtieren.

Ein Wolf braucht einen Hetzimpuls, um Wild zu schlagen. Alle vorgenannten körperlichen Vorgänge sind zwingend notwendig, um den gewünschten Erfolg zu erzielen, ... Nahrung zu beschaffen. Nach erfolgreicher Jagd regulieren sich die Körperfunktionen und der Organismus geht in die Entspannungsphase.

Im Dauerspiel des Hundes mit dem Bällchen wird dieser physisch und psychisch gesunde und reguläre Zyklus durchbrochen und soweit gestört, dass das Tier permanent unter Strom steht.

Je nach Häufigkeit und Dauer solcher Spiele fügen wir unserem Vierbeiner bleibende körperliche Schäden zu.

Unangenehmer Nebeneffekt des Balljunkies? Jeder sich bewegende Gegenstand wird als hetzbar erachtet. Was bislang nebensächlich und uninteressant war, wird zum Objekt der Jagd. Und wieder kommt es zum Teufelskreis des Verhaltens und der Hundekörper läuft zu hormonellen Höchstleistungen auf, obwohl es dafür keinen objektiven Anlass gibt.

Die von mir beschriebenen physischen und psychischen Vorgänge bei Stress, ereilen Hunde jeden Tag aufs Neue. Das erwähnte Ballspiel, Hundebegegnungen, während der *Arbeit*, im Zusammenleben mit Menschen und mit Artgenossen. Also: Täglich und je nach unserem Einwirken mal mehr, oder mal weniger.

Sich daraus entwickelnde Krankheitsbilder sind:
- vermehrte Aggression
- Allergien
- Hautprobleme
- ständiges Kauen an den Pfoten und/oder am Rumpf
- Magen-Darm-Problematiken
- Herzerkrankungen
- Haarausfall
- aufreiten
- Zerstörungswahn
- Nervosität und Ruhelosigkeit
- Durchfall und häufiges Urinieren
- hecheln
- an der Leine zerren
- ständiges grundloses Bellen und/oder Winseln
- speicheln
... und viele weitere Erscheinungsbilder.

Wie in einem vorherigen Kapitel beschrieben, haben Hunde ein hohes Ruhebedürfnis. Schauen wir uns an, wie viele Stunden die Tiere heute beschäftigt, bewegt und gefordert werden, erschließt sich die Stressproblematik von ganz allein.
   Die Vierbeiner erscheinen in der heutigen Zeit deutlich *auffälliger*, als noch zur Generation unserer Eltern.

Die Stress-Argumentation soll in keiner Weise dazu auffordern, den Hund weder zu beschäftigen, noch mit ihm zu spielen.

150

Aber sie ist ein Appell, Vierbeinern Ruhe zu verschaffen, damit sich Körper und Seele regenerieren und Kraft schöpfen können.

Und ... nicht jedes Tier baut Stress zeitlich in gleicher Geschwindigkeit ab. Es ist ein Vorgang, der in Abhängigkeit zu Rasse, Alter und Naturell zu sehen ist.

Begrenzen sie strikt die Stunden der »Arbeit« und zwar egal ob auf dem Platz, im Suchdienst, auf der Fährte, beim Dummytraining, oder Ähnlichem.

Das Bällchen und/oder die Frisby-Scheibe bleiben ein Belohnungsspiel: kurzzeitig und umso geliebter.

Ihr Hund wird sie umso mehr lieben, wenn sie ihm persönliche Zuwendung schenken, statt Dauerbespaßung anderer Form.

Er wird die Zeit gemeinsamer Ruhe in ihrer Nähe genießen. Freunde jagen nicht nur zusammen - sie teilen auch das Lager und hündische Ruhephasen.

Mit den Augen des Hundes sehen

Bei uns daheim ist es fast schon ein Running-Gag (also ein ständig wiederkehrender Witz), wenn mein Mann sich beschwert, dass unsere Hündin Shari ihm in den Finger zwickt hat, um ein Leckerchen anzunehmen.

Immer wieder kommt dann die Erklärung von mir: Hunde sehen anders!

Wenn wir uns mit der Sichtweise des Vierbeiners vertraut machen, verstehen wir manche ihrer Reaktionen besser.

Betrachten wir den Aufbau des Hundeauges einmal näher.

Die Netzhaut eines Auges enthält *Zapfen* und *Stäbchen*.

Die Stäbchen übermitteln den Hell-Dunkel-Kontrast und sind äußerst empfindlich und sensibel. Die Zapfen kommen bei hellen und mittleren Lichtverhältnissen und für das Sehen von Farben in´s Spiel.

Das Hundeauge enthält eine hohe Zahl von Stäbchen, da Hunde als enge Verwandte des Wolfes genetisch noch als Dämmerungsjäger veranlagt sind.

Im Gegensatz dazu hat das menschliche Auge 5x mehr Zapfen in 3 verschiedenen Typen ausgerichtet. Zweibeiner orientieren sich an Farben, was in Urzeiten bei der Nahrungssuche besonders hilfreich war, um *giftige* Nahrung anhand der Färbung identifizieren zu können.

Erkennen Hunde tatsächlich Farben?

Photopigmente ermöglichen erst das eigentliche Farbsehen. Sie befinden sich auf den Zapfen, mit denen eine spezielle Bandbreite des Lichts empfunden wird.

Menschen verfügen in den Augen über drei unterschiedliche Zapfentypen mit der Aufgabe als Farbsinneszellen. Damit können sie das gesamte Farbspektrum optisch abdecken.

153

Im Gegensatz dazu verfügt der Hund über nur zwei Zapfentypen, was auf ein reduziertes und eingeschränktes Farbsehen schließen lässt.

Wissenschaftler vertraten lange die Auffassung, dass Vierbeiner die Umwelt in grün-grauen Tönen erkennen.
Jedoch haben Forschungen inzwischen ergeben, dass die Tiere den gelben bis hin zum blau-violetten Farbbereich wahrnehmen. Dabei erscheint ihnen Rot als Gelb und grüne Objekte farblos. Sie sehen also wie ein Zweibeiner, der farbenblind ist und eine Rot-grün-Schwäche hat.

Das Hundeauge ist schräg geformt, also anders als das des Menschen. Es hat eine Hornhautkrümmung mit einer Fehlsichtigkeit von etwa einer Dioptrie. Eine Scharfstellung im Bereich von 2-4 Dioptrien ist dabei für das Auge des Tieres möglich. Der Mensch schafft etwa 15 Dioptrien.
Welche Auswirkung hat das?
In einer Entfernung von 30 bis zu 50 cm kann ein Hund das Sehfeld nicht scharf stellen!

Klar im Vorteil ist unser Vierbeiner bei der Breite des Gesichtsfeldes. Wir haben nur einen Weitwinkel von 200° - der Hund weist 240° auf.
Im Bereich des Simultansehens (beide Augen nehmen gleichzeitig Sichteindrücke wahr) gehen wir als Sieger mit 120° gegenüber dem Hund mit lediglich 60° hervor.

Fazit: Zweibeiner sind Mikroskopiker, während Vierbeiner Makroskopiker sind. Wir sind für die eher feine Augenarbeit ausgerichtet. Ein Hund auf diesem Gebiet eher ein Grobmotoriker.
Für die Fellnasen war von jeher der Geruchssinn wesentlicher, als die Fähigkeit einer differenzierten Sicht.

Analysieren wir das bisher Erklärte, erkennen wir, dass Hunde *Konturenseher* sind.

154

Wir erleben bei unserer Hündin Shari, dass sie den Zeitungsboten, der mit einem Trolli am Grundstück vorbeiläuft, wütend anbellt. Warum tut sie das? Sie kennt den Mann. Er ist ihr vertraut, und sieht sie ihn ohne das Zeitungswägelchen, wird er freundlich begrüßt.

Betrachten wir die Gesamtlage mit den Augen des Hundes.

Shari riecht den ihr bekannten Menschen. Er stellt für sie nicht eine bedrohliche Situation dar, eher einen erfreulichen Umstand, denn sie kennt den Zweibeiner als freundlich.

Den Trolli aber, den erkennt sie nur im Umriss und kann keinen identifizierbaren Geruch ausmachen. Am Griff hinter dem Menschen hergezogen, könnte es auch ein fremdes Tier oder ein sonstiger potenzieller Feind sein. Damit ist Alarmstufe rot angesagt und der vermeintliche Gegner auf Rollen wird lautstark verbellt.

Aufgrund des Konturensehens wird der Müllsack abends am Straßenrand ebenso zum Widersacher, wie ein abgestelltes Fahrrad.

Kommen wir zurück zum Hund, der in den Finger zwickt, wenn er ein Leckerchen annehmen möchte.

Sie halten dem Tier das Goodie dicht vor die Nase (dabei riecht der Vierbeiner das leckere Teilchen bereits aus einem Meter Entfernung).

Da Ihre Fellnase im nahen Gesichtsfeld nicht klar erkennen kann, was sich vor seiner Nase abspielt, aber gleichwohl das Leckerchen erschnuppert, fasst das Tier scheinbar unkontrolliert zu und erwischt indes auch gern einmal einen Finger. Absicht ist das keinesfalls!

Besser ist es also, wenn sie das Leckerli aus einiger Entfernung gleichsam *heranschweben* lassen. Der Hund hat auf die Weise die Möglichkeit zu erkennen, was Finger und was Futter ist.

Alternativ kann man das Goodie in die Hand nehmen und diese zur Faust ballen. Das Tier muss an der Faust schnüffeln und erst, wenn es ruhig und entspannt schnuppert, öffnen sie die Hand und übergeben die Belohnung.

155

Wenn wir Menschen verstehen, *warum* ein Hund so reagiert, *wie* er es nachgerade tut, dann erschließt sich uns der Weg zu einem besseren Verständnis und damit hin zu einer funktionierenden beidseitigen Partnerschaft in Vertrauen und Sicherheit.

Alleinbleiben

Vorab sei mir die Anmerkung gestattet, dass ein Labrador nie, unter keinen Umständen und auch nicht unter luxuriösen Aspekten, in einen Zwinger gehört!

Der Labbi ist ausschließlich *dann* glücklich und wird artgerecht gehalten, wenn man ihm nie den sozialen Zugang zu seinen Menschen verwehrt. Die Rasse an sich ist hochsozial und braucht den permanenten Bezug zur Familie.

Ich höre oft, dass der Hund nur während der Arbeitszeit im Zwinger bleibt und *der* ist geräumig, bestens isoliert und überhaupt ... an der frischen Luft.

Nein! Auch in Abwesenheit des Halters benötigt ein Labrador - zumindest über den Geruch - einen Zugang zum Menschen. Geruchsspuren findet er ... im Haus, oder der Wohnung.

Spätestens jetzt treffen wir auf das Argument: »Beim Alleinsein zerstört das Tier womöglich etwas, weil es sich langweilt.«

Da ist noch die Möglichkeit, den Hund in die Box zu »stopfen« und er ist damit scheinbar bestens *verwahrt*.

Box oder Kennel dürfen jedoch einzig und allein eine Kurzzeit-Alternative darstellen. Selbst bei auseichender Größe, kann der wachsende Hund sich in diesem Behältnis nicht ausreichend bewegen. Erkrankungen des Bewegungsapparates und des Rückens sind vorprogrammiert.

Ausnahmsweise ist die Dauer von maximal 2 Stunden vertretbar. Aber ... nur als Ausnahme!

Thema: Langeweile? Kennen der erwachsene Hund und auch der Welpe nicht!

157

Die Problematik »Ruhezeiten« wurde in einem vorhergehenden Kapitel bereits ausführlich angesprochen.

Vierbeiner sind geborene Faulenzer und genießen Schlaf und Entspannung, während tief in ihnen immer ein Wachmodus eingeschaltet bleibt. Eindrücke werden auf- und wahrgenommen. Lernprozesse finden statt. Unser Tier prägt sich ein, welche Geräusche normal sind und was sich ungewöhnlich anhört.

Natürlich möchten und müssen sie das Haus auch verlassen, ohne dass ihr Hund dabei ist. Darum soll die Fellnase lernen, allein zu bleiben, und genau *das* klappt am besten bereits im Welpenalter.

Der Zwerg stellt innerhalb einer kurzen Zeit nach dem Einzug seine innere Uhr auf ihren Lebensrhythmus ein. Wenn sie diese Phase nutzen, lernt der Welpe fix, dass er gelegentlich allein daheim bleiben *muss*.

Hier ein Übungsansatz für sie:

Sie haben mit dem Kleinchen gespielt und eventuell eine kurze Übung eingebaut. Der Welpe kann sich nicht lange konzentrieren und ist schnell müde.

Sobald das Tierchen sich ablegt, um zu schlafen, verlassen sie den Raum ohne eine wörtliche Vorwarnung. Sie schließen die Tür hinter sich und lauschen, ob das Hündchen still bleibt.

Nach wenigen Minuten kehren sie zurück. Vermutlich hat der Hund gar nicht mitbekommen, dass sie aus dem Zimmer verschwunden waren.

Belohnen sie augenblicklich, indem sie ein Leckerchen vor das Tier legen und es liebevoll streicheln.

Sie dürfen das Lob auch durchaus mit den Worten »Da hast du aber fein gewartet« untermauern.

Verknüpfen sie bitte immer ihre Wiederkehr mit einem für den Welpen positiven Ereignis/einer Belohnung.

Sie können Tag für Tag die Minuten ihrer Abwesenheit steigern. Sehr schnell verknüpft der Zwerg mit ihrer Rückkehr das Honorieren des braven Verhaltens - sei es durch ein Spiel, und/oder ein besonderes Leckerchen.

Was ist mit dem quakenden »Weichei«?

Es gibt ihn, den Welpen, der sofort quiekt, bellt und jammert, sobald er gemerkt hat, dass er allein im Raum ist.

Da hilft nur ... eine gewisse Unnachgiebigkeit. DARUM sollen sie hinter der Tür lauschen, ob der Winzling auch still ist, wenn sie abwesend sind.

Aber was ist zu tun, wenn der Hund verzweifelt jammert?

NICHTS!

Sie verharren brav, bis das Gezeter Pause macht und eine winzige Weile Ruhe einkehrt.

Begehen sie jedoch den Fehler und laufen spornstreichs zurück zum Welpen, sobald der anfängt zu quaken, dann haben sie ... verloren.

Logische Verknüpfung für den Vierbeiner? Wenn ich allein/einsam bin und nur laut genug schreie, kommt mein Mensch zu mir. Und ... je mehr ich belle und Spektakel mache, desto schneller ist mein Zweibeiner bei mir.

Das altbekannte Zauberwort der Hundeerziehung lautet also *Konsequenz*, was bitte nicht mit Härte zu verwechseln ist!

Ist der Welpe hinter der Tür still, kehren sie augenblicklich mit dem Super-Sonder-Extra-Leckerchen zurück und machen sich gehörig zum Affen vor Freunde über das gute Betragen.

Es wird bei Konsequenz und Geduld nur eine kurze Weile dauern, und ihr Hund hat gelernt, allein zu sein und die Zeit zu nutzen, um zu dösen und zu chillen. Er wird selbst dann relaxt sein, wenn sie eine längere Zeitspanne außer Haus sind.

Und an dieser Stelle taucht unweigerlich die Frage auf, ob Hunde ein Zeitgefühl haben.

Nein, haben sie nicht! Ich möchte es kurz erklären.

Menschen haben seit ewigen Zeiten ein Gefühl für, und den Wunsch nach einer Zeitregelung. Anfangs waren es Sonnen- und Mondphasen, die sich als wichtig für den Ackerbau erwiesen. Eine eher grobe Zeiteinteilung, doch reichte sie selbst zur Bestimmung des Lebensalters.

Stunden und Minuten erhielten ihre Bedeutung mit Beginn der See-Schifffahrt.

Heute können wir ohne feste Zeitplanung nicht mehr leben. Zeit bestimmt unser Tageskonzept, den Lebensrhythmus und im Grunde jede Tätigkeit während des gesamten Lebensweges.

Unterstützt wird der Tagesablauf durch Serotonin und Melanin. Beide körpereigenen Hormone signalisieren uns den Tages- und Nachtmodus.

Können wir ohne Uhr einen Zeitablauf verfolgen? Ja, wir können - wenn auch nur bedingt. Das Geheimnis liegt in den Tätigkeiten, die wir verrichten.

Wir haben ein Empfinden für die Dauer verschiedener Abläufe: Ein Ei kocht 5 Minuten. Die Tagesschau dauert 15 Minuten. Ein Spielfilm im Fernsehen läuft 1,5 Stunden.

Das menschliche Gehirn speichert diese Geschehen und sorgt damit dafür, dass wir ein eingeschränktes inneres Zeitgefühl haben. Jede Wiederholung vertieft dabei das Gefühl für den verstrichenen Zeitraum.

Das interne Timing beruht also auf unseren ... Tätigkeiten.

Hunde haben keinen festen Terminkalender. Die Tagesschau interessiert sie nicht und ein Ei fressen sie notfalls auch roh. Sie üben auch keine geregelten Betätigungen aus, aufgrund derer sich eine innere Uhr entwickeln kann.

Dennoch! Wenn sie ihren Vierbeiner immer zu einer gleichbleibenden Zeit füttern, tritt der Effekt zutage, dass Bello pünktlich mit der Pfote trommelt, wenn die Fütterungszeit naht. Gleiches passiert, wenn sie feste Zeiten haben, in denen sie die Gassigänge absolvieren.

Brauchen, tut ein Hund diese Erkenntnis nicht. Ihm reicht es als genetischem Dämmerungsjäger vollkommen aus, den Morgen vom

160

Abend unterscheiden zu können. Damit ist sein Zeitempfinden nur rudimentär ausgeprägt. Dem Tier ist es egal, ob sie 10 Minuten aus dem Haus sind, oder zwei Stunden - die Dauer spielt keine Rolle.

Welches Fazit können wir in puncto Zeit zum Alleinsein ziehen?
Wie lange sie aus dem Haus sind, ist dem Tier egal. Es ist einfach die positive Verknüpfung, *dass* sie zurückkehren und eine angemessene Belohnung bei der Heimkehr für das geduldige Warten herausspringt.

Haben sie kein schlechtes Gewissen, wenn sie einen netten Abend mit Freunden im Restaurant verbringen, während die Fellnase daheim ist.
Geübt ist geübt! Ihr Hund wird sich die Zeit zuhause gemütlich einrichten, wenn er es entsprechend gelernt hat. Es spricht nichts dagegen, ihm in dieser Zeit ein Radio anzuschalten, oder das Fernsehgerät (solange keine Doku über die verhasste Gattung »Katze« gezeigt wird).

Körpersprache - ein zentrales Thema

Bevor ich in diesen Bereich ein wenig mehr einsteige, bitte ich sie, sich folgendes Szenario vorzustellen:

Sie und ich befinden uns mitten in Tokio/Japan. Sie sprechen ausschließlich deutsch. Ich drücke ihnen einen Zettel in die Hand, auf dem eine Adresse in einem anderen Bezirk der Stadt steht. Ich habe alles selbstverständlich in deutscher Sprache aufgeschrieben.

Jetzt bitte ich, dass sie sich im Alleingang auf die Suche nach der notierten Anschrift machen. Den Weg müssen sie jedoch erfragen.

Was wird in der Folge passieren? In der Millionenstadt versteht sie keine Menschenseele und sie vermögen nicht, zu kommunizieren. Der Zettel erweist sich als wenig hilfreich, denn er ist ja nicht in japanischen Schriftzeichen verfasst.

Man wird versuchen, mit ihnen Englisch zu sprechen, aber das verstehen sie auch nicht.

Es können Missverständnisse auftreten, die sie anfangs noch als halbwegs spaßig empfinden. Mit jeder Minute mehr, in der sie aber nur auf Unverständnis stoßen, steigt ihr Frustpegel in´s Unermessliche und sie fühlen sich einsam, unverstanden und werden genervt reagieren.

Treffen sie auf einen freundlichen Menschen, der sich mit Händen und Füßen verständlich zu machen sucht, verhalten sie sich nur noch unwirsch, weil sie einfach keinen Plan haben, was man ihnen mitteilen möchte, so nett es auch gemeint ist.

Was ich mit der Situation erklären will?

So, wie sie in Tokio empfinden würden, genau so fühlt sich ihr Hund, wenn sie vor ihm stehen und mit Befehlen um sich werfen, die er körpersprachlich nicht verstehen kann. Sie sind für das Tier in diesem Moment ein ... Japaner.

Vierbeiner sind konzentrierte und äußerst aufmerksame Betrachter. Jedes Zucken ihrer Augenbrauen, jede Handbewegung und jede

163

Tonlage - egal wie winzig die Nuancierung sein mag - erscheint dem Hund wie eine Mega-Werbe-Tafel am Broadway in New York.

Diese Beobachtungsgabe nutzt dem Tier jedoch nur dann etwas, wenn es verstehen kann, was wir Menschen mit unserem Körper aussagen (wollen).

Starten sie dazu einmal einen Selbstversuch und bitten sie jemanden, sie dabei mit dem Handy zu filmen.

Stellen sie sich aufrecht daheim in ihr Wohnzimmer. Die Hände ruhen fest und unbeweglich an der Hosennaht. Ihr Kopf ist gerade und sie starren nur geradeaus. Sie erheben weder die Stimme, noch lächeln sie. Verhalten sie sich dabei einfach wie eine ... Schaufensterpuppe.

Nun rufen sie mit ausdruckslosen Worten ihren Hund zu sich. Im günstigsten Fall klappt das noch. Versuchen sie, den Hund in's Sitz zu bringen - und bitte wirklich ohne jegliche Regung.

Und? Es wird nie funktionieren! Außer erstaunten Blicken der Fellnase tut sich rein gar nichts.

Schauen sie die Video-Aufzeichnung an. Beobachten sie genau, ob sie emotionslos genug waren, und betrachten sie ausgiebig das Verhalten des Tieres in Slowmotion.

Dieses Experiment zeigt eindrucksvoll die Macht der Körpersprache verbunden mit der Stimme und Tonlage.

Im Bereich der Körpersprache stoßen wir auf ein in gewisser Weise *technisches* Problem.

Hunde sind genetisch zu fast 100% Wölfe. Menschen zu fast 100% Schimpansen, also Primaten. Unsere Vierbeiner sind bereits lange nur noch ein Abklatsch des Wolfes. Sie haben sich in eine eigene canide Unterart entwickelt.

Wir Menschen möchten auch nicht gern mit Affen verglichen werden. Dennoch sind wir genetisch betrachtet, sehr enge Verwandte.

Wölfe kommunizieren miteinander auf eine schier unglaublich vielfältige, differenzierte Art und Weise durch Gestik, Mimik und Verhalten. Die Körpersprache ist also ... perfekt!

Die Vierbeiner in unseren Haushalten verfügen - gemessen daran- über ein Minimum der Kommunikationsvarianten. Ein spezielles Merkmal hat sich jedoch mit der Domestikation und im Laufe der Evolution nie geändert: Alle Caniden stehen körperlichen Interak- tionen skeptisch gegenüber und lassen diese im Regelfall nur unter gewissen Umständen und bei Einhaltung festgelegter Rituale zu. Bei Hundebegegnungen untereinander kann man das eindrucksvoll beobachten.

Menschen sind in puncto Berührungen ihren äffischen Verwandten überaus ähnlich. Wir lieben Körperkontakte und pflegen sie bevor- zugt mit ventral-ventralem Verhalten. Kopf an Kopf und Brust an Brust. Umarmungen also.

Was für Zweibeiner mit reiner Freude und Sympathie verbun- den ist, sich zu umarmen, zu berühren und zu drücken, ist für einen Hund ein distanzloses, freches und zudem bedrohliches Verhalten.

Ein ideales Beispiel erlebt im Grunde jeder Hundebesitzer fast täg- lich. Sie umarmen ihren Partner(in) und küssen sich.

Jetzt können sie erleben, dass ihr Hund sich vehement zwischen sie drängelt und vielleicht sogar leicht brummelt.

Die meisten Hundehalter brechen in Entzücken über dieses Ver- halten aus und kommentieren: »Schau! Er/sie ist eifersüchtig. Wie niedlich!«

Nein - von Eifersucht ist keine Spur. Vielmehr empfindet ihr Hund das menschliche Gebaren als extrem bedrohlich (zumal zwi- schen den geliebten Menschen) und versucht zu schlichten, indem er splittet, also sich mitten durch sie drängt und brummelnd zu Ruhe und Vernunft gemahnt.

Werfen wir einen Blick auf die wissenschaftliche Beiß-Statistik.

In der Tat sind vorrangig Mädchen im Alter von 3 - 5 Jahren von Hundebissen betroffen. Warum das so ist? Das ist relativ simpel zu erklären. Kleine Mädchen dieses Lebensalters tragen eine Art Streichel-Gen in sich.

Vermutlich als eine Art Vorbereitung auf die weibliche Mutterrolle fassen Mini-Frauen genetisch bedingt gern kuschelige und weiche Tiere an. Der Impuls prägt sich im vorgenannten Alter aus.

In einem unbeobachteten Augenblick nähert sich das Kind einem fremden Hund und streichelt ihn, oder nimmt ihn womöglich in den Arm. Der durch dieses für ihn unverständliche Verhalten verunsicherte Vierbeiner knurrt und fasst zu, da seine Warnung das Kind kaum erreicht.

Bitte achten sie darauf, dass ihr Nachwuchs sich unter keinen Umständen in solcher Form einem unbekannten Tier und auch *nicht* dem eigenen Hund nähert!

Manche unserer vierbeinigen Hausgenossen lernen, das menschliche Benehmen der Umarmung zu akzeptieren und (zumeist leicht missfallend) hinzunehmen. Einige Hunde nehmen das diesbezügliche Verhalten niemals hin.

Körpersprachlich kommunizieren zwei komplett konträre Wesen mit einander. Zu gern erwarten wir, dass Fellnasen sich an unserer vorgegebenen Richtlinie bei der Verständigung orientieren. Sinnreicher scheint es jedoch, dass *wir* uns mit der Kommunikation der Hunde beschäftigen und diese besser kennenlernen und auch selbst luzider für das Tier agieren.

In der Folge beschreibe ich einige submissive, offensive und defensive Gesten der Vierbeiner.

Wenn sie ihrem Hund direkt in die Augen schauen, wird er den Kopf abwenden. Damit *entgeht* er ihrem Blick, den er als bedrohlich empfindet.

Weitere Begleiterscheinungen des Verhaltens können ein Zurücklegen der Ohren sein und das Verengen der Augen.

Das Tier zeigt klar an, dass es sich nicht wohlfühlt und dem vermeintlich aggressiven Starren entgehen möchte.

Ich fotografiere sehr gern. Natürlich müssen die Vierbeiner als geliebtes Motiv herhalten. Anfangs verwendete ich eine kleine Kompakt-Kamera. Inzwischen ist es ein eher massiver und großer Fotoapparat.

166

Mir fiel bereits bei den ersten Arbeiten mit der großen Kamera auf, dass unsere Hündin Shari mir immer *dann* bewusst aus dem Weg ging, wenn sie mich mit der Fotokamera sah.

Mir gelang es kaum, ein ausdrucksstarkes Porträt von ihr zu machen, außer, ich legte mich in räumlicher Entfernung mit dem Teleobjektiv auf die Lauer.

Ziemlich schnell wurde mir bei intensivem Überlegen klar, dass Shari das Objektiv als starrendes Auge betrachtet und regelrecht vor meinen Foto-Attacken flieht. Sie sieht keinen Ausweg aus der für sie stressigen Situation, als das Heil in der Flucht zu suchen.

Dabei reagiert jedes Tier anders. Unser Rüde Arthur fühlt sich von der Kamera überhaupt nicht gestört und ich darf ihn sogar positionieren, um ein ansprechendes Bild machen zu können. Währenddessen stört das starrende Auge des Objektivs ihn - allem Anschein nach- in keiner Weise.

Oft reichen bereits kleine Abweichungen in unserer Gesichtsmimik, um den Hund komplett zu verunsichern.

Ein Vierbeiner zieht die Lefzen nach hinten, wenn er ein defensives Verhalten signalisiert. Oft wird das von uns als *Lächeln* gedeutet. Offensiv wird das Tier, wenn die Lefzen nach vorne gezogen werden. Gern wird diese Gestik von einem Knurren begleitet, welches fälschlicherweise als Drohen angesehen wird. Knurren ist jedoch nichts weiter, als eine verbale Kommunikation, also rein mündliche, gleichwohl deutliche *Warnung*. *WIE* anders sollte sich der Hund uns gegenüber verständlich zeigen?

Bello hat etwas besonders gut gemacht und wir loben mit den Worten:
»Oooohhhh - das hast du aber feeeeeiiin gemacht!«

Dumm, dass wir bei dem »O« einen spitzen Mund machen und der Hund annehmen muss, dass es jetzt gleich offensiv zur Sache geht - zumindest aus Sicht hündischer Mimik. Was aber folgt, ist ein scheinbar höchst erfreutes Belohnungsritual.

Das Tier? Steht wie der sprichwörtliche Ochs vorm Berge. Der Mensch zeigte ein eindeutig kampffreudiges Verhalten und lässt dieser mimischen Aussage ein positives Gebaren folgen.

Wie oft ertappen wir uns, dass wir den Vierbeiner zu uns rufen und dabei aufrecht und mit Blick zum Tier dastehen?

Ehrlich? Als Hund würde ich mich verweigern, denn die Körperprache meines menschlichen Kumpels signalisiert nur eins: Da folgt Strafe, denn ich werde angestarrt und durch die Körperhaltung bedroht.

Diese Beispiele verdeutlichen, dass wir hier in einem äußerst komplexen Thema stecken, was uns Haltern eine Menge Lernen und Umdenken abverlangt.

In den Themenbereich fallen auch die Calming-Signals, die Beschwichtigungssignale.

Wir kennen das: Auf dem Spaziergang treffen wir auf einen fremden Hund. Ihr Verbeiner wird vermutlich unterschiedliche Verhaltensmaßnehmen - je nach Naturell - einleiten.

Labradore sind *Kontakter* und damit oft eher leicht distanzlos. Sie nähern sich Artgenossen offen, aufgeschlossen und mit freundlicher Körpersprache.

Der vorsichtigere Typus legt sich regungslos am Boden ab, sobald er eines anderen Hundes ansichtig wird. Erstmal ein Runde klein machen und schauen, ob da ein Freund, oder ein Feind angetrabt kommt. Adäquat reagieren kann man dann immer noch.

Bei der Begegnung ist es dem Hund geraten, sich abwartend und beschwichtigend zu verhalten. Diese Methode ist vorrangig dann anzuwenden, wenn der andere Artgenosse ein eher offensiv eingestellter Typ ist, der eventuell sogar auf Krawall gebürstet scheint.

Es ist unverfänglich, hier und da ein Hälmchen Gras auszurupfen und zu verspeisen. Angelegentlich kann gepinkelt werden, und/oder der Hund entfernt sich leicht vom Geschehen und meidet Blickkontakt zum Artgenossen.

Die Annäherung erfolgt seitlich und nie frontal. Augenkontakt wird gemieden und man beschnüffelt sich an »ungefährlichen« Stellen, wie zum Beispiel an den Flanken, an Brustbereich oder Po. Der Kontakt läuft gemessenen Tempos und nie rasant ab.

Als Mensch sollten wir diese Kontaktaufnahmen konsequent studieren und uns selbst einem Hund, den wir nicht kennen, nur auf solche Weise annähern. Wir müssen nicht zwangsläufig am Po des Tieres schnuppern, aber der Ablauf mit der Annäherung seitwärts und ohne Blick in die Augen ist schon aus Gründen guter Erziehung vorgeschrieben. Dabei warten wir (in der Hocke sitzend), dass ein Vierbeiner sich *uns* nähert und nie umgekehrt.

Berührungen und Streicheln eines ihnen unbekannten Hundekopfes sind ein Tabu!

Der Kopf ist eine »Intimzone« des Tieres und damit für wildfremde Personen unantastbar!

Wenn sie ihren Welpen von fremden Zweibeinern anfassen lassen, achten sie bitte darauf, dass die hündische Etikette in jedem Fall auch durch den Menschen eingehalten wird! Ihrem Zwerg soll von Zwei- und von Vierbeinern Respekt und Achtung entgegengebracht werden.

Die Körpersprache und Mimik des Hundes (allgemein) zu erkennen und einstufen zu können ist also wesentlich für uns.

Ebenso bedeutungsvoll ist es aber auch, dass die Vierbeiner *uns* zu lesen vermögen.

Dabei erscheint es am Anfang recht mühevoll, permanent darauf zu achten, wie man sich mit Stimme, Körperausdruck und Mimik verhält. Vor allem, da man sich rund um die Uhr kontrolliert bewegt. Aber: Wie vieles im Leben ist auch das eine reine Gewohnheitssache.

Sie können sich bei ungünstigem Auftreten quasi selbst ertappen.

Sie laufen bei Dunkelheit mit Bello die letzte Gassirunde des Tages. Kein Mensch ist mehr auf der Straße und sie bewegen sich zudem ein Stück weit über einen einsamen Feldweg. Logisch fühlen sie sich unwohl und verhalten sich entweder ängstlich, oder aber wachsam und souverän.

Ihr Hund nimmt diese persönliche Stimmung zu 100% auf. Je nach Erziehung und Naturell wird er vor ihnen laufen und alles anbellen, was sich irgendwo regt, oder er wird sich hinter ihnen regelrecht verstecken und ihre Angst solidarisch teilen. Keine glückliche Konstellation einer Partnerschaft.

Suchen sie gerade anfangs Wege, auf denen sie sich unbefangen bewegen.

Als Hundehalter haben sie vorrangig die Aufgabe, ein verlässlicher, hilfsbereiter und vor allem souveräner Partner für das Tier zu sein.

Eskaliert die Gesamtsituation in die Richtung, dass der Vierbeiner die Beschützerrolle einnimmt, dann ist die Rollenteilung mehr als unglücklich gelaufen und sie haben ein real existierendes Problem.

Hunde benötigen klare Regeln, Strukturen und Führung. Verstehend und ohne Einsatz von Gewalt.

Ich möchte allen Hundehaltern raten, ein Seminar über Körpersprache sowohl beim Hund, als auch beim Menschen zu besuchen. Eine finanzielle Ausgabe, die sich in jedem Fall lohnt.

So manches *Verhaltensproblem* beim Tier wird einem Verhaltenstherapeuten vorgebracht und bedarf intensivem Trainings, obwohl es »nur« auf einem Missverständnis in der Kommunikation beruht und damit absolut vermeidbar gewesen wäre.

Im Nachhinein ist das Abtrainieren unerwünschter Verhaltensmuster zumeist viel mühsamer, als prophylaktisch von Anfang an sauber verständlich miteinander körperlich, stimmlich und mimisch zu korrespondieren.

170

Die ersten 365 Tage mit dem Welpen - eine Endbetrachtung

Langsam kommen wir zum Ende dieses Buches.

Ich habe versucht, Ihnen das erste Jahr mit ihrem Hund ein wenig mit Tipps und Hintergrundinformationen zu erleichtern.

Ich hoffe, dass auch für die Nicht-Welpen-Besitzer der Lesestoff informativ war und tiefere Einsichten und Erkenntnisse für den gemeinsamen Weg mit dem Vierbeiner lieferte.

Sicherlich mögen viele Hinweise ihnen befremdlich erscheinen, überzogen und pingelig. Kritisch sind in der Tat einige Anmerkungen gemeint.

Egal, wie vorsichtig wir den Welpen bewegen und wie liebevoll wir ihn behüten: Ein Restrisiko für Krankheiten und Wesensauffälligkeiten bleibt leider bestehen.

Dabei denke ich vorrangig an unkontrollierte Zuchten und daran, dass Labradore zu Modehunden mutierten. Nicht jeder Besitzer war sich darüber im Klaren, welche Bedürfnisse das Tier hat, und wie und ob sie überhaupt befriedigt werden können.

Wenngleich in aller Regel so gezüchtet wird, dass hervorragende Merkmale einer Rasse zum Tragen kommen und Defizite züchterisch ausgeglichen werden, so tut die Nachfrage nach dem Labbi der Zucht nachrangig nicht gut.

Schwerwiegende Erkrankungen wie Epilepsie, Trikuspidalklappeninsuffizienz, HD, ED, Narkolepsie, Autoimmunkrankheiten und einige mehr, gelangen über die Zucht weiter in die Linien.

Bestimmte Wesensauffälligkeiten treten zutage, die vermeidbar sind, wenn die Käufer Angebot und Nachfrage durchdachter regulieren würden.

Doch der Kunde möchte immer exotischere Spielarten züchterischen Geschehens erwerben. Selbst vor dem sogenannten Mini-

Labrador wird kein Halt gemacht - kompatibel für die Einzimmerwohnung ohne Balkon und Garten.

Bekümmert erlebe ich, dass dem Kauf eines Fernsehgerätes mehr Aufmerksamkeit und Vergleiche unterschiedlicher Angebote gewidmet werden, als der Anschaffung eines Hundes.
Ein TV-Gerät hat Garantie - ein Vierbeiner in aller Regel nicht!

- Anschaffungskosten
- Zeitaufwand
- Unterhalt
- Kosten bei Krankheit
- Emotionen
und ... und ... und ...

Nicht zuletzt sind bei der Anschaffung des Hundes aber auch an uns Menschen Grundvoraussetzungen geknüpft.
WIR sind der vorrangige Sozialpartner des Vierbeiners und damit obliegt *uns* eine Verpflichtung der besonderen Art.
Es ist infolgedessen nicht getan, immer für einen vollen Napf zu sorgen und zu schauen, dass alle Impfungen fristgerecht durchgeführt werden.
Vielmehr ist es an *uns*, kritisch zu hinterfragen, was uns Medien, Öffentlichkeit und Gewerbe alltäglich als wichtig, nützlich und zwingend notwendig für das Tier aufdrängen möchten.
Hunde sind soziale Individuen mit Gefühlen, Empfindungen und ... sie denken.
Wir müssen lernen zu erkennen, wie wir mit unserem vierbeinigen Freund und Partner kommunizieren können, um ihn zu verstehen und zu *hören*, was er uns mitzuteilen hat.
Die Verpflichtung besteht darin, so gut wie möglich auf das gemeinsame Leben vorbereitet zu sein. Zu registrieren, dass wir eigene Bedürfnisse zurückstellen werden, zugunsten des Tieres.

Wir hören niemals auf zu lernen und Erfahrungen zu sammeln. Wir leben miteinander und nicht nur nebeneinander. Gleichberechtigte

Partner - wenn auch unterschiedlicher Arten. Kein Herr und Sklave und auch kein Chef und Untergebener. Freude, Kumpels, Vertraute und friedvolle Gefährten im Alltag sind wir.

Menschen teilen nur eine kleine Spanne der Zeit mit den Hunden. Die Tiere schenken uns ihr gesamtes Leben und das in unverbrüchlicher Treue, Ergebenheit und Freundschaft.

Wir verabschiedeten uns von den veralteten Vorstellungen, einen Wolf daheim zu haben. Wir sagten der Dominanz zwischen Hund und Mensch ade und sahen ein, dass der Platz auf der Couch einfach nur gemütlich ist und mit Hierarchie gar nichts zu tun hat. Wir lernten, dass die Fellnasen keine triebgesteuerten Monster sind, deren Lebenszweck einzig darin besteht, menschliche Wertvorstellungen guter Erziehung täglich auf's Neue auf die Probe zu stellen.

Wenn etwas im Benehmen und der Ausbildung grundsätzlich falsch läuft, dann ist nicht der Hund schuld, sondern ausschließlich und immer der Zweibeiner am anderen Ende der Leine!

Wer mein erstes Buch »Labbylike- Landleben mit Labrador« gelesen hat, kennt meine Einstellung.

Recht eindrucksvoll kann man dort über das Leben mit unseren Hunden nachlesen, wie sehr man sich als Mensch jeden Tag zum Affen machen kann, ohne dass die Fellnasen erzieherisch *entgleiten*.

Mit dem notwendigen Verständnis für den Vierbeiner und einem gewissen Lerneifer nähern sich Zweibeiner und Hunde an und bilden gleichsam eine eigene Spezies: Den eng verbundenen 6-Beiner.

Es ist denkbar, dass ich nicht alle ihre Fragen in diesem Buch beantwortet habe, aber ich hoffe, die relevantesten und wesentlichsten Punkte erwähnt zu haben. Sollte das *nicht* der Fall sein, können sie mich gern kontaktieren und ich werde mich bemühen, die weitergehenden Auskünfte zu erteilen, die hier (aus welchen Gründen auch immer) keinen Zugang fanden.

Ihnen und ihrem geliebten vierbeinigen Familienmitglied wünsche ich eine lange und glückliche gemeinsame Zeit. Schenken sie sich Freunde, vertrauen und verstehen sie sich.

Es ist nur ein Hund?

Nicht für Menschen wie uns, die wir Tiere lieben, achten und als echte Partner betrachten.

Hunde kommen in unser Leben, um zu bleiben.
Sie gehen nicht fort, wenn es schwierig wird, und auch,
wenn der erste Rausch verflogen ist, sehen sie uns noch
immer mit genau diesem Ausdruck in den Augen an.
Das tun sie bis zu ihrem letzten Atemzug.
Vielleicht, weil sie uns von Anfang an als das sehen, was wir wirklich
sind: fehlerhafte, unvollkommene Menschen.
Menschen, die sie sich dennoch genauso ausgesucht haben.
Ein Hund entscheidet sich einmal für den Rest seines
Lebens. Er fragt sich nicht, ob er wirklich mit uns alt
werden möchte. Er tut es einfach.
Seine Liebe, wenn wir sie erst verdient haben, ist absolut.“

(Picasso)

Zu diesem Buch...

Ende des Jahres 2015 veröffentliche ich meinen ersten Roman.

»Labbylike - Landleben mit Labrador« wurde unerwartet und einfach von mir *aus Spaß an der Freude* geschrieben, ein gewaltiger Erfolg.

Fans in 44 Ländern der Erde, darunter Puerto Rico, Dominikanische Republik, Indien, Chile Indonesien und Kanada lasen, gratulierten und machten mein Buch (und damit mich) zu einem kleinen Welterfolg.

Über 6 Monate war der Roman in den Top 10 der Verkaufslisten des Verlages, ehe ein wenig Normalität einkehrte und der erste Hype nachließ. Ein für mich atemberaubender Erfolg mit dem Erstlingswerk.

Zeitungen berichteten ganzseitig über das Buch und im Mai wurde es zur Nummer 1 unter den fünf besten Neuerscheinungen der Hundebücher des Jahres gewählt.

Ich schreibe einfach gern und so stellte sich im Frühjahr 2016 auch nicht die Frage, ob es ein weiteres Buch geben wird.

Gern hätte ich dem Wunsch meiner Leser stattgegeben und einen zweiten Teil des *Landlebens* geschrieben. Aber tief in mir war die Überlegung, ein eingängig gestaltetes Fachbuch zu schreiben.

Kein Buch, das nur für eine spezielle Lesergruppe geeignet scheint, sondern etwas, was jeder Hundehalter durcharbeitet und auch verstehen soll.

Dass es wieder ein Hundebuch wird, war von Anfang an klar für mich.

Seit Beginn der 2000er Jahre beschäftige ich mich intensiv mit Hunden. Damit wuchs mein Interesse in das Zeitalter des Internets hinein.

Als Mitglied in inzwischen ungezählten Hundecommunitys, in Tierschutzvereinen und von Anfang an auch bei Facebook, erlebte ich die Werdegänge ganzer Scharen von Fellnasen und Halter.

175

Die eigenen Hunde taten ein Übriges. Ich lernte und ich sah und hörte die Probleme bei der Erziehung und Haltung. Ich erfuhr die Abgabe von Familienhunden wegen Überforderung der Menschen.

Nach Ausbildung und Studiengängen beschloss ich, zu helfen. Meistens ohne Bezahlung, aber immer da, wenn man mich braucht.

Es ist also nicht weiter verwunderlich, dass ich eine breite Masse erreichen möchte und *das* geht inzwischen am besten über meine Leserschaft. So entstand der Gedanke zu diesem Buch.

Sorgfältig trug ich Fakten und jüngste wissenschaftliche Erkenntnisse zusammen, um einen nach Möglichkeit weiträumigen Überblick über Erziehung und Verhalten zu schaffen. Einen kleinen Ratgeber, der dazu angetan ist, dem Leser zu helfen und ihn zu ermutigen.

Eine Begleitung für Welpen, gleichzeitig aber auch eine Verständnishilfe für bereits erwachsene Hunde hervorzubringen, das war mein Anliegen.

Mit Erscheinen des ersten Buches erlebte ich auch die Schattenzeiten einer gewissen Bekanntheit. Neid, oft verbunden mit boshafter und keinesfalls konstruktiver Kritik setzte mir anfänglich zu. Das, was ich mit viel Liebe und Mühe schrieb und was mich zum Erfolg trug, wurde von einigen sehr wenigen Menschen quasi zerrissen.

Das jedoch, was an Beanstandung sachdienlich und objektiv war, nahm ich mir zu Herzen und versuchte, es in diesem Buch besser zu machen.

Sicherlich wird es unmöglich sein, mit einem kleinen Fachbuch den Geschmack, das Verständnis und Wohlwollen jedes Lesers zu finden.

So kann das Buch nur dazu dienen, mein Wissen und die Erfahrungen weiterzugeben und zu wünschen, dass sie hilfreich sind und ihnen einen positiven Weg durch das erste Jahr mit ihrem Welpen ebnen.

Es würde mich ebenso freuen, wenn die Lektüre hilft, den ausgewachsenen Hund besser zu verstehen und sein Handeln einfach zu beleuchten und zu werten.

176

Ich danke ihnen allen sehr herzlich. Letztlich haben sie mich zu dem gemacht, was ich heute bin und natürlich ... die Hunde und ihre Schicksale. Seien es die eigenen Tiere oder die Begleiter aus dem Tierschutz. Die Vierbeiner waren, sind und bleiben meine besten Lehrmeister.

Herzlichst
Ihre *Daniela Koppenhöfer*

Herbst 2016

Danksagung

An dieser Stelle möchte ich mich bedanken. Nicht, weil es sich so gehört, sondern aus tiefstem Herzen und voller Demut und Dankbarkeit.

Zuerst einmal danke ich meinem Mann Michael. Er hat wieder endlose Nachmittage und Abende einsam verbracht, während ich mich im Arbeitszimmer quasi *eingeschlossen* habe. Oft nur begleitet von Shari, unserer braunen Labbiline.

Michael ist mir auch bei diesem Buch ein wertvoller Berater und Ratgeber gewesen und hat mich souverän über manche gedankliche Klippe geführt. Er hatte immer ein offenes Ohr für die vermeintlichen Probleme beim Schreiben und ich schätze seine Kreativität, den Ideenreichtum und seine uneingeschränkte Ehrlichkeit, auch wenn es mal wehtut. Danke Liebling!

Shari? Lag neben dem Schreibtisch, trank aus meinem Wasserglas und fraß die unerlässliche Nervennahrung: die Erdnüsse auf.

Dankeschön dafür, du vierbeiniges Moostierchen und für die zahllosen feuchten Hundeküsse, die es immer mal wieder zwischendurch von dir gab.

Ein spezieller Dank geht an meine gute Freundin Karin Furman.

In dem Moment, als ich beim Titel einfach gedanklich nicht mehr weiterkam, warst du in deiner unverwechselbar praktischen Art für mich da und hast mich auf die Spur gebracht. Vermutlich würde ich ohne dich noch immer hier »rumeiern«.

Du bist ein Fels in der Brandung und ich hoffe, du weißt das! Danke - es ist keine Selbstverständlichkeit!

Zu guter Letzt geht mein Dank an den Verlag BoD und hier besonders an Frau Melanie Bauer, die mich auch bei diesem Projekt begleitet und in ihrer unglaublich freundlichen und aufbauenden Art unterstützt.

Dazu hat das Team des Cover-Designs ganze Arbeit geleistet und wesentlich dazu beigetragen, dass das Buch wieder ein optischer Augenschmaus wurde.

Es muss hier erwähnt sein, dass mein Manuskript mit dem speziellen Schreib-Programm von Papyrus Autor geschrieben wurde.

Uli Ramps hat mit diesem EDV-Programm ganze Arbeit geleistet und mir als Schreiberling unendlich viel Mühe abgenommen und mir damit den Rücken für das Wesentliche freigehalten: das Schreiben.

Danke also auch an Uli und das Team von »Papyrus«.

Madfeld im Herbst 2016